FAITS ET OBSERVATIONS

SUR LA

BRASSERIE

SUIVIS DE LA DESCRIPTION

D'UN NOUVEAU PROCÉDÉ DE FABRICATION

PAR

N. GALLAND

Directeur gérant de la Brasserie viennoise de Maxéville

Février 1874

BERGER-LEVRAULT ET Cie, LIBRAIRES-ÉDITEURS

PARIS | NANCY
RUE DES BEAUX-ARTS, 5 | RUE JEAN-LAMOUR, 11

A STRASBOURG, CHEZ SCHULTZ & Cie, LIBRAIRES

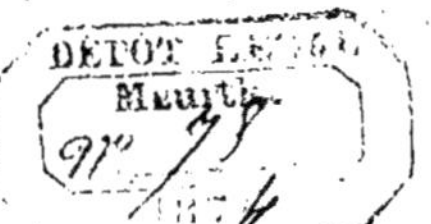

FAITS ET OBSERVATIONS

SUR

LA BRASSERIE

FAITS ET OBSERVATIONS

SUR LA

BRASSERIE

SUIVIS DE LA DESCRIPTION

D'UN NOUVEAU PROCÉDÉ DE FABRICATION

PAR

N. GALLAND

Directeur gérant de la Brasserie viennoise de Maxéville

Février 1874

BERGER-LEVRAULT ET Cⁱᵉ, LIBRAIRES-ÉDITEURS

PARIS	NANCY
RUE DES BEAUX-ARTS, 5	RUE JEAN-LAMOUR, 11

A STRASBOURG, CHEZ SCHULTZ & Cⁱᵉ, LIBRAIRES

INTRODUCTION

La Brasserie viennoise de Maxéville près Nancy, dont je suis le principal fondateur et le gérant, date de l'année 1870. C'est en juillet, quelques jours avant l'invasion, qu'elle a commencé à livrer ses premiers produits à la consommation, qui les a accueillis avec la plus grande faveur.

A cette époque, je n'avais sur la brasserie que des connaissances générales, mais j'étais dirigé dans mes débuts dans cette industrie par une longue expérience dans d'autres industries agricoles similaires et notamment la sucrerie et la distillerie, que j'ai suivies dans toutes leurs branches : agronomiques, physiques, chimiques et mécaniques.

Muni de cette expérience, je me suis engagé d'autant plus courageusement dans l'industrie de la brasserie que j'en connaissais l'importance et l'avenir qui frappe de plus en plus, chaque jour, toute personne compétente.

*Il faut constater que, depuis quelques années, de grands efforts ont été tentés en vue de perfectionnements considérables, que de sérieuses améliorations ont été faites, et que beaucoup d'hommes savants et dévoués, secondés par les publications spéciales *, poursuivent avec courage leurs recherches.*

---

* *Nous citerons entre autres :* le Journal des Brasseurs, *le* Moniteur de la Brasserie, *le* Traité pratique *de* Muller, *les travaux de* Balling, Habich, Stolba, Lermer, Lintner, Otto, Mulder *et* Lacambre, *dans lesquels j'ai puisé des données très-importantes.*

En entrant dans l'industrie de la brasserie avec l'expérience acquise dans des industries sœurs de celle-ci, je devais m'attendre à être conduit à m'associer à ces recherches, et, dès mes débuts, la comparant à la sucrerie et à la distillerie, j'ai vu qu'elle en est encore aujourd'hui à peu près au point où ces dernières se trouvaient en 1840. La physique n'y entrait alors pour rien, la chimie et la mécanique pour peu de chose, la routine pour beaucoup.

Depuis cette époque la situation a forcément changé. La routine a disparu des grandes industries du sucre et de l'alcool; la mécanique et la physique s'y sont tendu la main pour aider la chimie, lui laissant souvent la première place.

Eh bien! après une expérience de quatre années dans la brasserie, expérience qui a été achetée, comme il arrive souvent, par de graves et sérieux mécomptes, je conserve la conviction qu'un grand avenir lui est réservé à la condition qu'elle entrera hardiment dans la voie du progrès, qui gardera des faveurs certaines à ceux qui, ayant confiance, l'auront poursuivi avec intelligence et courage.

Dans la sucrerie et la distillerie, le personnel dirigeant était, il y a 30 ans, purement pratique, et, à part quelques exceptions, aimait peu les théories. Aujourd'hui, il faut de toute nécessité qu'il se recrute dans les écoles techniques spéciales s'il n'a su acquérir de lui-même l'instruction qu'elles donnent.

L'industrie du sucre, qui est toute récente, a dû son énergie, comme toutes les industries nouvelles, à sa jeunesse. La brasserie, qui date de temps immémorial, a dû, comme toutes les vieilles industries, beaucoup hésiter avant de se décider à changer ses habitudes. Mais à cause de l'importance à laquelle elle se voit appelée, elle semble vouloir se rajeunir et se transformer, et je ne doute pas qu'elle n'arrive bientôt à pouvoir marcher de front avec ses jeunes sœurs.

Pour ma part je ferai mon possible pour l'aider dans ses aspirations vers le progrès, en publiant les Faits et les Observations sur la brasserie *que ma position me met à même de recueillir, et me faisant toujours un devoir de condamner les idées que j'aurais émises si la pratique n'est pas venue leur donner raison.*

Aussi serai-je très-reconnaissant aux hommes qui, s'occupant sérieusement des progrès de la brasserie, voudraient bien m'adresser leurs observations.

N. GALLAND.

FAITS ET OBSERVATIONS

SUR

LA BRASSERIE

Il serait très-intéressant de pouvoir faire de la statistique industrielle et commerciale sur la brasserie, basée sur des chiffres exacts; mais, dans l'impossibilité actuelle de réunir les documents nécessaires, il faut bien se contenter d'aperçus. Il serait cependant du plus grand intérêt de connaître les quantités de bière réellement produites en France et dans les principales contrées de l'Europe, le genre des bières produites, la quantité et la nature des matières premières employées, les divers procédés et appareils en usage pour la fabrication, enfin l'importance des diverses exportations.

La bibliographie spéciale de la brasserie est très-restreinte, surtout en France, où tous les efforts restent isolés, à cause du manque de relations entre les brasseurs.

Il est évident que le but proposé ne peut être atteint que par des recherches soutenues, auxquelles un brasseur occupé de ses affaires ne peut que rarement se livrer en toute liberté d'esprit. Ce serait aux directeurs de publications hebdomadaires ou mensuelles à s'occuper de ces questions de statistique industrielle et commerciale, à condenser et à classifier annuellement ce qu'ils éditent, après s'être mis en rapport avec les brasseurs de bonne volonté, pour obtenir des éclaircissements ou des confirmations.

On a établi en Allemagne plusieurs écoles de brasserie, annexées à des établissements industriels. L'une d'elles, près de Munich, dirigée par le professeur Lintner, est très-importante et rend de grands services à cette industrie. En France, nous n'avons aucun établissement de ce genre; mais, avec de l'initiative, je ne doute pas que l'on ne parvienne à en créer un pratique et scientifique, qui rendrait des services à la brasserie actuelle et surtout à la brasserie future, qui est appelée, sans aucun doute, à un grand avenir. La brasserie a non-seulement devant elle la consommation locale, mais aussi l'exportation, selon les positions qu'elle occupera en France et notamment sur le littoral maritime, car la France est aussi bien placée que l'Angleterre pour faire de la bière d'exportation. Je crois cependant que ce débouché n'est que temporaire et qu'il finira par perdre de son importance.

La bière anglaise, allemande ou française, n'est pas destinée à faire toujours concurrence aux produits similaires indigènes des pays étrangers. En Afrique, en Asie, en Océanie, dans toute l'Amérique, on fait déjà de la bière et quelquefois d'assez bonne, et nul doute qu'aidées des progrès acquis annuellement, ces contrées n'arrivent dans un temps donné à se passer des bières importées chez elles à grands frais et à grands risques, la fabrication de la bière ne donnant pas naissance à un groupe d'industries qui s'enchaînent et se soutiennent par leur supériorité réciproque : c'est une industrie agricole qui trouve partout sa matière première, ses ouvriers et ses consommateurs, et qui finira par trouver le moyen de s'acclimater partout. Il est trop peu rationnel de payer à Constantinople ou à Moscou 3 francs une bouteille de *pale-ale* qui se vend 50 centimes à

Londres et qui y est meilleure, tandis que dans ces contrées
l'orge est à vil prix. Aussi la Russie, déjà depuis quelques années,
a créé et continue de créer de grandes brasseries. Cependant
le prix de vente y est encore assez élevé pour que la consommation y soit restreinte aux personnes qui ont le superflu.

Les observations que je viens de faire très-sommairement
au sujet des bières d'exportation s'appliquent à peu près dans
tous les pays pour la consommation intérieure; c'est-à-dire
que si aujourd'hui en France, par exemple, certains départe-
ments de l'Est ont la spécialité des bières *genre allemand* qu'ils
expédient dans toute la France, ce privilége doit leur échapper
avec le temps.

Les différents pays de l'Europe consomment de la bière de
différentes qualités et en quantités variables, depuis 2 litres
par individu jusqu'à 200 litres [1]. Ces différences tiennent aux
habitudes, à la richesse et à la situation géographique qui
leur permet de produire plus ou moins de vin.

A en croire les statistiques, la France consommerait
7,000,000 d'hectolitres ou 20 litres par habitant, et c'est à peu
près la moyenne de la consommation à Paris. Le Nord consomme plus, le Midi moins, et dans les villes la consommation
est plus grande que dans les campagnes, ou, tout au moins, on
y exige des bières de meilleure qualité, dans le genre des bières
de Vienne et de Bavière. Elles sont fournies en grande partie
par Strasbourg et les brasseries de l'Est de la France. L'Autriche, la Bavière et les brasseries d'outre-Rhin en envoient
aussi un certain contingent. Cette situation est-elle normale?
— Je ne le crois pas. Les frais de transport pour une marchandise qui n'a pas grande valeur, outre les risques que

---

1. La ville de Breslau, qui ne compte que 200,000 habitants, consomme, comme Paris,
400,000 hectolitres, soit 200 litres par habitant; et celle de Munich, près de 400 litres.

courent les brasseurs ou les débitants, sont trop considérables, et il n'est pas douteux que le jour ne soit prochain où les grandes brasseries françaises feront aussi bien que les brasseries allemandes, et à partir de ce jour, sauf pour satisfaire quelque caprice particulier, la bière étrangère ne trouvera plus placement chez nous. Les brasseries de Strasbourg et de l'Est, à part quelques exceptions, livrent des produits parfaitement comparables aux bières de Vienne et de Munich, et Strasbourg lui-même, par suite de la situation que lui fait l'annexion, aura chaque jour plus de peine à ouvrir à ses bières le marché français.

Si l'on admet qu'en France, à l'exception des contrées du Nord, la bière n'est encore qu'une boisson de luxe, on est surpris de voir la consommation aussi élevée et augmentant tous les jours. C'est que la bonne bière a des qualités très-attrayantes pour tout le monde, hommes et femmes, et remarquablement hygiéniques lorsqu'on en fait usage *sans abus*. Le vin, dont l'usage est limité aux repas, ne saurait la remplacer en dehors d'eux. Ce sont des consommations très-indépendantes l'une de l'autre, et si l'une était appelée à remplacer l'autre, c'est plutôt en faveur de la bière que seraient les chances. Ce phénomène futur qui, dans l'état des choses, paraîtra peu vraisemblable à beaucoup de monde, se montrera avec le caractère de l'évidence lorsque la bière pourra se livrer partout bonne et à meilleur marché qu'aujourd'hui, tandis que le prix du vin ne peut aller qu'en augmentant, parce que le vin est essentiellement une marchandise d'exportation qui trouve tous les jours de nouveaux débouchés. Mais, je le répète, il faut pour cela que la bière puisse se livrer aussi bonne et au même prix à Bordeaux qu'à Strasbourg, à Marseille qu'à Lille, et dans toute la France aux mêmes qualités et prix que dans les pays où elle tient le premier rang dans la consommation.

Sommes-nous loin de cet avenir? Je ne le crois pas, car j'ai aujourd'hui la conviction intime que sur ces divers points, *par une combinaison raisonnée, étayée sur les données de la science et les enseignements de la pratique,* on doit réussir partout, et comme qualité, et comme prix de revient. Cette opinion ne m'est pas exclusivement personnelle: beaucoup de brasseurs la partagent, et des efforts faits en ce sens ont été souvent couronnés de succès; et comme un succès en amène toujours un autre, le jour n'est pas éloigné où la France se trouvera parsemée *de brasseries moyennes* qui alimenteront à peu près seules la région dont leur localité sera le centre. L'émigration de Strasbourg facilitera beaucoup ce résultat, et lorsqu'il sera atteint, il aura pour conséquence *le plus bas prix de la bière.* Le prix des transports, les perfectionnements dans la fabrication, les risques à courir dans les expéditions, ainsi que la concurrence entre brasseurs et entre limonadiers, tout contribuera à abaisser ce prix.

L'avenir, à mon avis, appartient pour longtemps *à la moyenne brasserie* en France lorsqu'elle saura et voudra travailler comme la grande; elle y arrivera forcément, je ne dis pas sans mécomptes, mais avec certitude. L'un excitant l'autre, la qualité et le bas prix développeront la consommation qui, étendue, assurera aux brasseurs une rémunération suffisante, tout en produisant meilleur et à meilleur marché.

Les grandes brasseries actuelles doivent s'attendre, comme conséquence des idées émises ci-dessus, à se voir, dans un temps plus ou moins éloigné, sérieusement menacées par la concurrence des brasseries moyennes de l'intérieur, et ce n'est que par la qualité supérieure, constante, peut-être spéciale de leurs produits, qu'elles pourront soutenir la lutte. La bonne fabrication exempte de mécomptes, la régularité dans la qualité du genre de bière, la fabrication au meilleur marché possible, sont les nécessités qui s'imposent pour le maintien des grands établissements. Pour réaliser ces conditions, bien des points sont encore à fixer.

Les femmes, en France comme en Allemagne et en Angleterre, aiment beaucoup la bière, qui, en maints cas, leur est prescrite, et la préfèrent souvent au vin pendant leurs repas. Mais il ne leur faut pas la bière que les grandes brasseries sont obligées de faire ou que les Allemands nous envoient sous le nom de *bière d'exportation*. Non-seulement elle est trop forte pour les femmes, mais souvent aussi pour les hommes. Elle pèse ordinairement, sur les bacs refroidisseurs, 16 degrés au saccharimètre de Balling. Ce que demande le tempérament des femmes, c'est de la bière à 12-13 degrés, peu alcoolique et gommeuse, fortement chargée d'acide carbonique et semblable aux bières qui, à Vienne, font les délices de tous les voyageurs.

Ces bières supportent mal les longs voyages, en été surtout, et c'est cependant sur elles qu'il faut compter pour la consommation dans les maisons particulières. Les bières fortes ne sont pas *en France* les bières de l'avenir, quoi qu'en aient dit dernièrement beaucoup d'écrivains. La bière forte s'introduira peu dans les ménages et restera toujours affectée à la clientèle des cafés et des estaminets. Je suis même convaincu que si dans ces établissements on avait le choix entre de la bière forte et de la bière légère, *façon viennoise*, celle-ci ferait l'objet d'une demande au moins égale. Ces bières légères et agréables, ce sont les *brasseries locales* seules qui pourront les livrer dans de bonnes conditions.

Je comprends parfaitement la bière forte et même plus forte que celles dites de Bavière, de Strasbourg ou de Vienne, mais seulement pour l'exportation ou dans les pays qui n'ont pas de vignes.

Je ne m'étendrai pas plus longtemps sur les questions générales que je viens d'effleurer, et je vais entrer sur le terrain particulier de la fabrication.

Mes observations laissant en dehors les bières spéciales, anglaises, belges et autres, s'étendront seulement aux bières dites de Bavière, de Vienne et de Strasbourg, qui font la base de la consommation en France.

Ces bières sont livrées à la consommation sous le nom de *bières de garde,* ou sous le nom de *bières jeunes,* avec une sensible différence dans les prix. Quelques établissements se trouvent mieux d'adopter une fabrication intermédiaire en livrant des produits de conservation moyenne.

Les brasseries d'Autriche et de Bavière n'exportent généralement que des bières de garde, car beaucoup de ces établissements ne travaillent pas en été. Ils accumulent pendant huit mois toute leur provision de l'année. Ce système exige un grand capital et il ne laisse pas que de faire courir de grands risques à ceux qui le pratiquent.

Les brasseries de Strasbourg et de l'Est de la France font moins de bières de garde et n'interrompent pas leur fabrication pendant les quatre mois durant lesquels la consommation est la plus grande. Les capitaux engagés dans cette manière de travailler sont moins considérables, les risques changent de nature, mais ils n'en restent pas moins très-forts, peut-être plus forts qu'avec le système des grandes brasseries viennoises ; *et cela durera tant que le travail technique du brasseur restera dans la situation actuelle,* parce que les mois de l'année se suivent et ne se ressemblent pas. Ils se partagent la fabrication en période d'hiver et en période d'été ;

l'une commence au mois de décembre et l'autre au mois de mai.

Les bières expédiées pendant la période d'hiver se tiennent généralement bien et supportent sans inconvénient d'assez longs transports. Si elles diffèrent de qualité, cela vient des soins de fabrication, du choix, de la quantité et de la qualité des matières premières. Mais il n'en est pas de même des bières expédiées pendant la seconde période, surtout en août, septembre et octobre, qui, malgré les soins *apparents* apportés à la fabrication et la bonne qualité des matières premières, tiennent sans cesse le brasseur sur le qui-vive, le menaçant de pertes sensibles et quelquefois de ruine.

Cette situation, dont le péril pèse plus ou moins chaque année sur tous les brasseurs sans exception, a dû attirer l'attention des spécialistes et des observateurs, car il est bien certain pour eux que la plus grande plaie de la brasserie est la variation dans la qualité des produits et les risques qu'ils font courir aux industriels ou aux destinataires pendant leur expédition.

Le jour où la brasserie pourra travailler aussi bien *en été qu'en hiver dans toute la France, au nord et au midi,* ou tout au moins être assurée que les produits d'été ne lui feront pas éprouver des pertes à la suite de réclamations souvent exagérées, ce jour-là, les conditions d'existence de la brasserie seront changées. Le prix de la bière baissera forcément par le fait de la diminution des risques et parce que la brasserie moyenne parsemée dans le pays sera à même de satisfaire tous les consommateurs en leur offrant dans leur région des bières faites à leur goût. Et avec le goût et les habitudes prises, il faut compter en brasserie comme en toutes choses.

De grands efforts ont été tentés pour arriver à la solution

du problème que je viens d'exposer. Beaucoup de savants, en Allemagne, s'en occupent très-sérieusement, et leurs écrits assez nombreux nous ont permis de suivre les résultats de leurs investigations. Les journaux spéciaux de la brasserie, dont quelques-uns sont bien et consciencieusement rédigés, ne manquent pas non plus d'apporter de temps en temps une pierre à l'édifice; mais un des hommes qui, dans la voie scientifique, a le plus attiré, dans ces derniers temps, l'attention et naturellement provoqué la discussion, c'est le savant professeur, M. Pasteur.

C'est avec le plus profond respect et la plus grande timidité que j'ose placer mes observations à la suite des idées émises par M. Pasteur; mais, avant de le faire, je dois insister sur ce que je sais depuis longtemps: c'est qu'en industrie, il y a ceux qui en font et ceux qui en parlent, ce qui n'est pas tout à fait la même chose; car, presque toujours, ceux qui en parlent n'ont pas la possibilité d'en faire; et ceux qui savent assez bien en faire, ne savent pas, ne veulent pas en parler, ou n'en ont pas le temps. Il ne faut donc pas s'étonner de la lenteur avec laquelle on arrive au progrès réel, lorsque l'on réfléchit que la science, la pratique et les moyens se trouvent rarement dans une union suffisante pour travailler ensemble à atteindre le même but. M. Pasteur doit donc s'armer de patience jusqu'à ce qu'il voie le couronnement de son œuvre.

Des essais en grand de sa méthode ont été déjà faits sur plusieurs points et dans des usines de certaine importance, et je crois être bien informé en disant que les résultats sont encore loin d'être concluants et sont interprétés de diverses manières. Pour ma part, je n'ose encore formuler aucune opinion. Que les germes donnant naissance à des fermentations étrangères qui accompagnent ou suivent celle que l'on recherche dans la bière, soient détruits par la cuisson du moût, je crois pouvoir l'admettre. Que ces mêmes germes se représentent pendant toute la saison d'été surtout, et se répandent plus ou moins, selon les vents et l'état de l'atmosphère, sur le moût qui séjourne sur les bacs ou ailleurs en présence de l'air, et qu'ils le suivent jusque dans nos entonneries, cela ne fait pour moi aucun doute. Que M. Pasteur sache préparer des levains purs et exempts d'autres levains, je veux bien l'admettre et reconnaître que c'est un beau et grand service qu'il rendrait à la brasserie qui n'est jamais bien rassurée de ce côté-là.

Mais que M. Pasteur prétende qu'après avoir tué tous les vieux germes par l'ébullition du moût, il ait préservé celui-ci de tout nouvel ensemencement par un refroidissement à l'abri de l'air et par la mise en levûre pure en vase clos; que M. Pasteur, dis-je, prétende faire et parfaire la fermentation et assurer la conservation en tout temps et en tous lieux, sans s'inquiéter de la température de l'entonnerie ni de celle des caves de garde, et par conséquent en rejetant l'emploi du froid artificiel, ici commencent sérieusement mes doutes. Je suis même convaincu, jusqu'à preuve contraire, qu'une bière fermentée, quoique avec des ferments purs, dans des entonneries et des caves qui atteindront certainement 20 degrés en été, malgré sa conservation aussi efficace que l'on voudra, sera plutôt du vin de malt et de houblon que de la bière *vivante et pétillante*, telle que la réclame le consommateur de tous les pays.

J'admets que la bière Pasteur se conservera bien mieux que les autres dans les caves de la brasserie où elle aura été préparée, mais je doute que, mise en pression dans les caves du limonadier, elle ne reprenne souvent ses maladies latentes. Cependant je n'ose rien affirmer sur le résultat final de la méthode de M. Pasteur, parce que lui, homme de science, il a gardé sa conviction, qu'il persévère dans ses essais et que, si la lutte ne me semble pas terminée, il n'y aurait rien d'étonnant à ce qu'en fin de compte il en sortît vainqueur.

M. Pasteur met en action son système à partir de la cuisson du moût de bière, sans trop s'inquiéter d'où vient ce moût, et sans trop s'enquérir du procédé par lequel il a été préparé.

Il est vraiment bien à regretter qu'un homme aussi savant et muni d'un laboratoire aussi complet que celui qu'il dirige, ne se soit pas, à l'exemple des *Balling,* des *Mulder* et autres, préoccupé de ce qui se passe dans les opérations antérieures à la cuisson du moût, en prenant l'orge dans les champs et la suivant jusqu'à la trempe qui l'amène à la chaudière à houblonner. Cette chaudière elle-même aurait pu faire l'objet de ses sérieuses études et observations quant aux buts différents qu'elle doit atteindre. Sans aucun doute M. Pasteur, pour compléter ses travaux, s'occupera de ces questions. Alors il rencontrera des faits très-remarquables qui se produisent aux différentes stations, et il sera convaincu notamment que ce n'est pas la fermentation seule qui amène en été les revers dont se plaignent tous les brasseurs. S'il n'y avait dans le moût de bière que du sucre, de la dextrine et de l'infusion de houblon, il pourrait avoir raison; mais il s'apercevra facilement que *l'acide lactique, les matières albumineuses et glutineuses* jouent un rôle immense dans la conservation de la bière, et que lorsque ces produits existent en trop grande quantité avant la cuisson et le houblonnage, ils persistent malgré cette opération, *l'acide lactique surtout,* à accompagner le moût jusque dans l'estomac des consommateurs.

Le rôle des matières albuminoïdes et glutineuses n'est pas encore bien défini; il est très-complexe, et je laisse pour le moment à d'autres le soin de le déterminer, ne voulant m'occuper, dans ce qui va suivre, que de l'acide lactique; et cela même sous toutes réserves.

Depuis trois ans que je m'occupe activement de la brasserie, j'ai remarqué que toutes les bières qui s'éclaircissent mal ou qui se troublent au transport et dans la cave des débitants, contiennent une plus forte dose d'acide lactique (et probablement avec lui un peu d'acide acétique) que celles qui se comportent bien à l'expédition; et c'est à tel point qu'en faisant un essai acétimétrique de bières, on peut préjuger de leurs dispositions à se conserver. S'y trouve-t-il à grande dose? — Les bières qui sont encore claires dans les caves de garde se troublent toutes rapidement lorsqu'elles en sortent et d'autant plus qu'elles entrent dans un milieu plus chaud.

A dose plus faible, quelques fûts de la même expédition se maintiennent bons, d'autres tournent à mal, selon l'étincelle de malheur qui les frappe : — conditions différentes des fûts, dont l'un est venu de Marseille, un autre de Paris, un troisième d'ailleurs, après des absences qui varient de 1 à 3 mois [1]; — température de la cave; — époque de la mise en perce, et *surtout la nature de l'air introduit sur la bière par les pompes à pression;* — soins plus ou moins assidus et intelligents des limonadiers; — *état de propreté des tuyaux :* toutes causes qui agissent vite sur les bières malades, tandis qu'elles ont peu d'influence sur les bières saines.

Les bières solides et reconnues bonnes provenant de diverses usines françaises ou allemandes ont toujours indiqué 20 à 30 divisions de l'acétimètre employé pour mes essais.

Les bières douteuses que j'ai essayées, et de toutes prove-

---

1. Un goudronnage soigneux de tous les fûts, à chaque voyage, peut remédier à ces inconvénients.

nances, allaient jusqu'à 60 divisions. Les bières malades dépassent ce chiffre; et c'est en été que l'on rencontre toujours
les bières plus ou moins lactiques, partant moins ou plus solides,
dont les conséquences sont désastreuses pour les brasseries [1].

Je conclus de mes observations que, tout en suivant avec
intérêt M. Pasteur dans ses importants travaux sur les fermentations, le brasseur doit prendre ses mesures pour produire, en
été comme en hiver, le moins possible d'acide pendant toutes
les opérations qu'il fait subir à l'orge depuis la germination
jusqu'à la chaudière à houblonner, et depuis celle-ci jusque dans
les caves de garde, sans oublier son influence sur les matières
azotées qui accompagnent la bière et dont les effets sont différents selon les saisons, les caves et les soins que lui donnent
les limonadiers.

Je dis « produire le moins possible d'acide lactique » parce
que n'en pas produire du tout est, comme nous le verrons,
impossible, et que sa présence dans la bière jusqu'à une certaine dose est nécessaire. Il reste à savoir s'il serait bon d'en
saturer les excédants à la chaudière. Je remets la solution de
cette question après de plus sérieuses observations de ma part,
et je la soumets à la science comme à la pratique qui se fait en
dehors de moi [2]. En attendant qu'elle soit résolue, je pense qu'il
vaut mieux prendre ses mesures pour n'en avoir que ce qu'il
faut, c'est-à-dire le moins possible. Je sais que les types de
bonnes bières de beaucoup de provenances ne dépassent pas
30 divisions de mon acétimètre, et je serai toujours très-rassuré
lorsque, pendant le travail, je n'en rencontrerai pas davantage,
surtout en été. Pour atteindre ce but, je vais exposer une partie
des observations que la pratique m'a suggérées ou que j'ai

---

1. Cet acide lactique est déjà formé dans le moût avant la chaudière à houblonner.
2. Beaucoup de brasseries recherchent, en été surtout, les eaux fortement calcaires.

2

. accumulées jusqu'ici sur la brasserie, ainsi que les moyens de brassage propres à préserver les moûts d'un excès de ce produit.

Sur l'orge et le maltage.

Je ne dirai rien du choix de l'orge : tous les brasseurs savent qu'il faut choisir la meilleure et la payer ce qu'elle vaut. Malheureusement en France les approvisionnements ne peuvent être aussi réguliers qu'en Autriche ou en Angleterre. La propriété y est trop morcelée et ne peut offrir à la brasserie que des lots souvent mal assortis de provenances différentes. Cet inconvénient ne peut guère être évité et c'est pour cela qu'il est important de classifier l'orge par grosseurs différentes aussi égales que possible, avant de la soumettre à la germination. Il y a des appareils spéciaux qui remplissent plus ou moins bien ce but et qui sont employés dans beaucoup de brasseries. Mais une opération qui, je crois, est peu pratiquée et qui me semble très-utile, est celle d'*un lavage énergique* avant la mise en trempe. On se contente ordinairement de mouiller l'orge dans les cuves à tremper et d'en séparer avec une écumoire les grains légers qui surnagent au-dessus de l'eau. Cette opération par le procédé en usage est d'une extrême imperfection, tandis que, avec le lavage spécial, on peut obtenir à la fois le lavage et la séparation des grains légers qui ne feraient que nuire aux opérations ultérieures. Pour qu'un diviseur réunisse toutes les conditions désirables, il est important qu'il puisse mettre de côté tous les grains cassés au battage ou par toute autre cause, — ceux-ci ne germent pas, mais pourrissent et introduisent dans les trempes des éléments d'insuccès. La planche I donne le spécimen d'un appareil que j'ai créé dans le but de laver les orges préalablement triées et d'en séparer les parties les plus légères avant de les tremper.

L'orge, préalablement classifiée dans les greniers, arrive par le tube A à l'extrémité de l'auge circulaire B, dans laquelle une vis sans fin la transporte dans la trémie C. Sous l'auge se trouve une série de robinets E qui partent d'un tuyau général F et qui amènent des jets d'eau entre toutes les spirales de l'hélice. Cette eau remplit l'auge et la trémie jusqu'à la ligne GH, à dix ou quinze centimètres au-dessus de la partie supérieure de l'hélice. Elle entraîne les poussières et les grains maigres dans l'auge-écumoire I qui est fixée parallèlement à celle qui contient l'hélice, tandis que les grains lourds lavés se rendent dans la trémie C, au fond de laquelle ils se déposent. Puis, lorsque l'appareil est en fonction, il suffit d'ouvrir l'échappement K.

Cet échappement peut être un tube en caoutchouc, dont on règle l'ouverture au moyen d'une pince, du genre de celle employée dans les laboratoires pour régler l'écoulement dans les tubes de caoutchouc. L'ouverture de sortie de l'orge lavée étant réglée, il suffit, pour que l'eau sale ne se précipite pas avec l'orge qu'elle entraîne, que l'on fasse arriver par le robinet L de l'eau propre en quantité un peu plus grande que celle qui doit entraîner le grain. De cette manière, il s'établit un petit courant d'eau propre vers l'hélice, qui se mélange avec l'eau sale du grain, et se déverse dans l'auge-écumoire I.

Je répète que je considère le lavage des grains comme très-important, et ce lavage doit être aussi énergique que possible, afin d'entraîner les *moisissures*, les *poussières*, qui ne peuvent que servir de ferments lactiques ou autres pendant le temps de la germination.

Le grain, au sortir de l'appareil laveur, se rend, entraîné par l'eau propre, dans la cuve à tremper. Tous les brasseurs sont d'accord sur ce point : que l'eau de trempage doit être aussi fraîche que possible ; et ceux qui l'ont à 10 dégrés et au-dessous se trouvent dans d'excellentes conditions. Le lavage et le premier trempage ont pour but principal de nettoyer les grains et de leur enlever une substance âcre contenue dans l'écorce, et il est bon, pour l'atteindre, de changer d'eau à plusieurs reprises, avant de procéder au trempage définitif dont l'objet est de pénétrer la graine suffisamment pour la préparer à la germination. Mais alors (et surtout lorsqu'on la renouvelle souvent), l'eau des dernières trempes finit, *avec le temps*, par entraîner une partie sensible des matières utiles solubles (1 p. 100 environ), dont l'absence doit, outre la perte de 1 p. 100, occasionner des désordres dans la germination même.

Balling a proposé une marche plus rationnelle qui consiste à laisser écouler l'eau de lavage et nettoyage, et à mettre le grain en tas pour l'arroser de temps en temps avec une faible quantité d'eau que la masse absorbe promptement. Cette absorption est facilitée et régularisée par un bon pelletage qui doit s'alterner avec les additions d'eau jusqu'à ce que le grain soit suffisamment imbibé et sans que de l'eau en excès ait pu s'écouler du tas. Outre qu'on évite la perte de substances solubles qui doit compter pour quelque chose, je crois que le grain humecté de la sorte au contact de l'air se trouvera dans de meilleures conditions que celui qui l'a été par immersion.

Les soins que nécessite cette méthode sont probablement la seule raison pour laquelle elle est peu appliquée. Si, après les opérations du lavage, on enfermait le grain égoutté dans un tambour en tôle percée tournant sur un arbre et muni d'une trappe d'entrée et de sortie, le pelletage et l'arrosage se feraient très-régulièrement et d'une manière aussi continue que possible, et seraient une préparation plus naturelle pour la germination. Car celle-ci est d'autant plus accélérée qu'on laisse le grain humecté plus en repos, en couches plus épaisses, et que la température s'y élève jusqu'à 25 ou 30 degrés, température qui n'effraye pas la plupart des malteurs, *surtout ceux qui ne sont que malteurs :* moins de main-d'œuvre et moins de place occupée pour la même production, partant plus de bénéfices pour eux, sans qu'ils aient à s'inquiéter des désastres qu'ils peuvent introduire dans la brasserie qui leur a donné sa confiance.

Dans ces conditions, au premier rang des inconvénients, se trouvera une énorme production d'acide lactique, qui se fait aux dépens de la matière utile du malt et le prépare à donner de mauvaises trempes.

Le *21 mai dernier,* du malt pris dans une malterie des environs de Nancy indiquait plus de 60 divisions à l'acétimètre dont je me sers, tandis que du malt préparé avec plus de soin, le *15 novembre suivant,* n'indiquait que 10 divisions. Cette indication était conforme à celle que j'ai trouvée dans le malt préparé à froid à la brasserie de Maxéville, et qui est reconnu par les brasseurs comme étant de bonne qualité. Pour obtenir ce genre de malt, et c'est celui que l'on prend généralement pour type, les couches sont conduites de manière que la température ne monte pas à plus de 12 degrés et que le temps de la germination dure dix jours au moins.

Il semblerait donc que c'est entre 8 et 12 divisions de l'acétimètre qu'il faut fixer la quantité utile d'acide lactique à produire pendant la germination. En produire moins, non-seulement n'est guère possible, mais serait peut-être mauvais pour le succès des opérations ultérieures. En produire plus est très-facile; mais j'ai la conviction que cela est nuisible.

Le lavage soigné de l'orge, le choix des saisons selon les climats (sept mois au plus dans Meurthe-et-Moselle), la plus grande propreté, obtenue au moyen de lavages même alcalins, les *ventilations par courants d'air forcé*, à heure choisie, qui assurent l'élimination de l'acide carbonique dégagé par la germination, la conduite régulière des couches vers la température la plus basse, sans dépasser 12 degrés : telles sont les conditions principales de la production du malt de bonne qualité.

Les malteries qui sont pourvues d'eau très-froide, se rendraient de grands services en la faisant circuler dans des rigoles en zinc, à large surface et suspendues au plafond de la malterie; ce moyen puissant de rafraîchir l'air, combiné avec des ventilations d'air filtré, pourrait prolonger de beaucoup les époques ordinaires de maltage.

Les grandes brasseries qui maltent elles-mêmes sont généralement organisées pour faire d'aussi bon malt que possible. Les petites brasseries pèchent trop souvent de ce côté, malgré des installations en apparence convenables.

Il est évident que le maltage *doit devenir* une opération industrielle complétement indépendante de la brasserie, et que plus la malterie sera considérable, plus elle sera à même de faire un bon travail, *si elle le veut*. Depuis quelques années, on a construit plusieurs grandes malteries; mais la brasserie moyenne, qui se répandra partout, amènera forcément le développement de ces établissements, auxquels la concurrence et les exigences légitimes des brasseurs imposeront la règle de ne plus transiger avec leur conscience.

Le malt, une fois obtenu par une germination bien conduite, doit être séché, puis torréfié légèrement pour acquérir certaines propriétés que lui donnent ces opérations et pour pouvoir se conserver. Il s'agit d'enlever à 100 kilogr. de malt sortant du germoir, de 40 à 45 kilogr. d'eau. Mais *les conditions dans lesquelles cette eau doit être enlevée,* sont telles que je ne connais pas jusqu'ici une seule touraille qui les remplisse complétement.

Sauf erreur, voici les conditions auxquelles doit répondre un bon séchoir :

1° Enlever au malt vert qui sort du germoir à la température de 10 degrés, *le plus rapidement possible,* les $^2/_3$ ou au moins la moitié de son eau, et cela afin d'arrêter sa germination et de le soustraire à la continuation de la fermentation lactique, qui est d'autant plus forte que le malt reste plus longtemps exposé à une température tiède et humide.

2° Faire cette première dessiccation à une température qui ne doit guère excéder 40 degrés centigrades, pour ne pas faire de grains *cornés.*

3° Lorsque la moitié de l'eau est enlevée, à 40 degrés au plus, *élever* la température *progressivement* jusqu'à 60 degrés, et l'y maintenir jusqu'à la perte des $^5/_6$ au moins de l'eau contenue dans le malt vert.

4° Cette dernière opération terminée, *procéder à la torréfaction,* qui peut commencer à 50 degrés et s'arrêter à 60, comme elle doit pouvoir arriver à 100 et 120, selon le goût et les besoins de la brasserie. Elle doit pouvoir durer aussi longtemps que le jugera convenable le directeur de l'établissement, parce qu'elle a pour but, outre de compléter la dessiccation, de développer dans le grain un certain arome provenant de l'hordéine, d'enlever au malt le goût de vert, et de le disposer à se bien comporter aux magasins et dans les opérations ultérieures.

Je lis souvent que c'est en élevant la température de la touraille que l'on dispose le malt à devenir plus ou moins brun, pour en obtenir des bières brunes ou pâles; — et c'est pourquoi les malts servant à faire des bières pâles sont toujours touraillés à basse température. En Bohême, on ne dépasserait pas 50 à 60 degrés.

Il y a là une vérité qui, pour moi, *n'est qu'apparente,* et je tiens à éclaircir cette question, que les systèmes de tourailles employés jusqu'ici ont seuls perpétuée, et cela parce qu'elles ne sont pas disposées pour *bien séparer l'opération du séchage de celle de la torréfaction,* — opérations que je distingue essentiellement l'une de l'autre.

Pour obtenir des bières pâles, on emploie des malts légèrement touraillés, et l'on est toujours sur le qui-vive et dans la crainte de tomber dans une teinte verdâtre et plus ou moins louche.

Les malts que l'on a fortement touraillés donnent des bières de couleur plus franche, plus foncées et plus assurées de transparence.

Il serait donc très-important, pour les bières pâles, de pouvoir, tout en leur laissant cette nuance, leur donner les qualités des bières plus foncées : la *limpidité,* la *solidité* et la *netteté de la couleur.* Eh bien, ceci est très-facile : il suffit de ne procéder au touraillage ou à la torréfaction du malt qu'après un séchage presque complet de celui-ci, à basse température; car le malt, bien séché ainsi, ne se colore sérieusement qu'à des températures dépassant 100 degrés; tandis que, dans les tourailles ordinaires à deux plateaux, *c'est principalement dans celui de dessus que le malt se colore* sous l'influence de l'humidité dégagée par le plateau inférieur, alors que la première couche est en sueur pendant plusieurs heures. Il se colore d'autant plus qu'il est plus humide et qu'il est exposé plus longtemps à une température qui, malgré les précautions prises, est assez élevée pour *corner* plus ou moins de grains. Mais, je le répète, tout séchoir qui séchera vite, à basse température, et qui torréfiera séparément le malt bien séché, donnera du malt pâle ayant, à part la couleur, les propriétés du malt brun.

La brasserie de Maxéville, qui, avec le concours de MM. *Geneste fils et Herscher frères,* a établi, dans une de ses malteries, le système de ventilation de M. Piarron de Montdésir, a construit un séchoir à malt basé sur le même système et qui remplit complétement les conditions exigées ci-dessus. La planche II en donne une représentation suffisante. Les planches III et IV représentent deux projets de *séchoirs méthodiques* à eau chaude qui sont, selon moi, le dernier surtout, appelés à un grand avenir, parce que les températures peuvent s'y régler très-facilement.

Lorsque le malt est obtenu et privé de ses germes, il est ordinairement mis en tas dans des greniers secs, exposé à tous les courants d'air, aux poussières et aux insultes des insectes et des animaux qui peuplent les greniers. *Tant qu'il reste sec,* sauf la malpropreté à laquelle il est exposé et qui peut avoir ses influences ultérieures, il se conserve bien. Mais comme, avec ce système, il est infailliblement exposé, en tout ou partie, à reprendre une forte proportion d'humidité qui l'altérera, ce système est le plus mauvais de ceux employés pour la conservation du malt, *qui peut reprendre jusqu'à* 10 p. 100 *de son poids d'eau.*

Ensuite viennent les caisses ou silos en bois qui sont un perfectionnement sensible. Mais tout ce qu'il y a de mieux, sans augmentation sérieuse de dépense, surtout lorsque l'on bâtit une brasserie ou une malterie à neuf, ce sont de grands cylindres en tôles de fer, munis d'ouvertures convenables et pouvant contenir 250, 500 ou 1000 sacs de malt, selon l'importance des établissements.

Le malt *fait* et *conservé dans toutes les conditions que j'ai rappelées ci-dessus,* ne manquera pas de se comporter convenablement dans les opérations du brassage et de garantir, *pour sa part,* la qualité de la bière produite.

Une grande malterie de Strasbourg qui possède des silos en tôle, a constaté, après le siége, que le malt y avait conservé toutes ses qualités pendant plus d'une année.

Avant de parler des opérations du brassage et de la préparation des moûts, je vais donner la description des séchoirs représentés dans les planches II, III et IV.

Description d'une touraille à courants renversés appliquée dans une des malteries de la brasserie de Maxéville.

La touraille représentée dans la planche II se compose de 3 plateaux superposés A, B, C, en toile métallique galvanisée. Les deux premiers, A, B, forment le séchoir; le troisième, C, est le torréfacteur. L'air chaud, envoyé au-dessus des plateaux B et C, les traverse de haut en bas, et traverse de même le plateau A avant de s'échapper par la cheminée M. Cette *circulation méthodique* est assurée par des entonnoirs en tôle posés sous les plateaux A et B et par la chambre située sous le plateau C; l'air y trouve des issues I, L, L, L, et s'échappe par des cheminées correspondantes ménagées dans les murs. *La dessiccation s'opérant de haut en bas, rend inutile l'opération si pénible du pelletage.*

Le plateau C reçoit de l'air à 90° et, comme cet air traverse du malt déjà sec, il est encore capable de saturation. Il est donc utilisé sur le plateau B, après s'être mélangé par la trappe *i* avec de l'air froid qui abaisse sa température à 60°. Il diminue d'autant la quantité d'air envoyé directement sur le plateau B et par suite la consommation du combustible.

Le plateau B reçoit, en outre, de l'air direct à 60°. Cet air, qui se sature à peine à moitié, peut encore absorber une certaine quantité de vapeur d'eau, d'autant plus facilement qu'il agira sur du malt vert, car on sait que les premières portions d'humidité sont très-faciles à enlever. C'est pourquoi l'air, alors refroidi à 35° environ, est envoyé sur le plateau A, et s'échappe enfin au dehors, en nuages blancs, chargé d'humidité et presque saturé.

Le malt suit un chemin inverse. Il est chargé sur le plateau A, en couche de 8 à 10 centimètres. Il y séjourne 5 heures et y perd la moitié de son eau. Il fait alors place à d'autre, et est jeté sur le plateau B par une trappe à coulisse située à la partie inférieure de l'entonnoir. Il perd là, en 5 heures, la 2ᵉ moitié de son humidité, de sorte qu'il arrive sur le plateau C complétement sec, c'est-à-dire dans les meilleures conditions pour subir le grillage ou *la torréfaction qui doit développer l'arome hordéique.* Après 5 heures, il est complétement touraillé, blanc et bon pour mettre en magasin. Les mêmes opérations se répètent toutes les 5 heures; de façon à donner deux sacs de malt sec par mètre carré de surface de plateau, soit le double des meilleures tourailles ordinaires à 2 plateaux.

Voici les résultats des expériences faites à Maxéville sur cette touraille au point de vue de la dessiccation; 100 kilogr. de malt vert, qui contenaient $42^k,982$ d'eau, ont perdu en restant 5 heures sur chaque plateau :

     1° Après le premier plateau. . . . . $21^k,140$

     2° Après le deuxième plateau. . . . . 21 ,140

     3° Après le troisième plateau. . . . . 0 ,702

On voit que le malt ne contient plus qu'une quantité d'eau insignifiante en arrivant sur le troisième plateau.

Il nous reste à parler du chauffage de l'air. Le foyer D est un foyer ordinaire à coke. Les gaz de la combustion se répandent de chaque côté dans deux chambres d'air E, F, et traversent dans chacune 3 toiles métalliques m, n, avant d'entrer dans les tuyaux G et H, où ils sont appelés énergiquement par des injecteurs d'air comprimé, g, h. Pour régler la température convenable de l'air, on fait usage des registres R, S; de plus, des trappes, a et b, d'entrée d'air froid sont ménagées dans les chambres, de sorte que l'air froid est obligé de traverser les toiles métalliques, et se mélange intimement avec l'air chaud. La température est ainsi réglée très-facilement à 90° pour le torréfacteur, à 60° pour le séchoir.

Le plafond de la chambre A est simplement en plâtre sous un double toit, garni de corps mauvais conducteurs, tels que cendres, plâtre, etc.

La cheminée en tôle, M, est au dehors entourée d'une cheminée en bois avec de la paille interposée, pour éviter la diminution de tirage et la condensation de la vapeur d'eau entraînée.

Description d'une touraille continue à plateaux calorifères avec circulation d'eau chaude.

La touraille représentée dans la planche III se compose de 3 plateaux circulaires, A, B, C, en tôle, à double fond, portés sur des fers à T. Les deux premiers opèrent la dessiccation du malt, et le troisième la torréfaction. Un arbre vertical les traverse à leurs centres, et porte sur chacun d'eux, deux bras armés de petits râteaux obliques, a, b, c, qui se promènent d'une façon plus ou moins lente, mais continue. Ceux des plateaux A et C sont disposés pour pousser le malt du centre à la circonférence, et ceux du plateau B, pour le ramener de la circonférence au centre.

Le malt vert contenu dans la trémie D tombe sur le plateau A d'une'manière continue, réglée par un petit système de *cup and cone, u,* semblable à celui qui est employé dans les hauts-fourneaux, et forme une couche de 3 à 5 centimètres. Il est peu à peu poussé à la circonférence où il tombe par des tuyaux, E, sur le deuxième plateau, B. Là, au contraire, il est ramené au centre, et tombe sur le 3ᵉ plateau, où il est poussé à la circonférence. Il tombe enfin par les tuyaux G sur une toile métallique, H, où il se refroidit.

Pendant tout ce trajet, le malt est chauffé par un courant d'eau chaude qui circule dans les doubles fonds des 3 plateaux, en sens inverse du malt. L'eau est chauffée à 100° dans le réchauffeur tubulaire R, par la vapeur d'échappement de la machine motrice. Elle part de la partie supérieure de ce réchauffeur, se rend par le tuyau *cc* dans le plateau C où elle est distribuée en 3 points de la circonférence. Après s'être refroidie à 70° environ, elle est prise au centre et conduite par le tuyau *ff* au centre du plateau B; elle s'y refroidit à 45° en allant vers la circonférence, où elle est prise en 3 points par 3 tuyaux, *g, g, g,* qui la distribuent en 3 points correspondants du plateau A. Elle se refroidit jusqu'à 25° environ; elle est alors reprise au centre par le tuyau *hh* qui la ramène à la partie inférieure du réchauffeur. Le chauffage du malt en contact avec une surface chaude serait insuffisant si l'on ne prenait pas soin de renouveler l'air ambiant. Il importe de lui joindre une ventilation énergique qui abrége de beaucoup le temps de la dessiccation.

Il est naturel d'utiliser, à cet effet, la chaleur du malt touraillé, qu'il faut refroidir avant de le mettre en magasin. L'air est donc admis par des ouvreaux, V, situés sous la toile métallique H qu'il traverse en prenant la chaleur du malt. Pour assurer la circulation, des planchers, *m, m, m,* sont établis à la hauteur des plateaux, et ceux-ci sont entourés de cloisons, *n, n, n,* ayant la hauteur des étages et distantes du mur de manière à former un espace annulaire. Deux cloisons, *qq,* séparent cet espace en deux moitiés. Enfin des ouvertures, *o, o, o, p, p, p, s, s, s,* sont ménagées dans ces diverses cloisons pour diriger le courant d'air comme l'indiquent les flèches. L'air chaud débouche dans la chambre du plateau C par 3 ouvertures, sous le plateau B, qui lui cède une partie de sa chaleur *à la manière d'un calorifère,* descend à la surface du malt dont il prend l'humidité, et sort par 3 ouvertures situées à ce niveau. Il s'élève alors dans le demi-espace annulaire et va continuer identiquement son action sur les deux plateaux B et A ; puis il s'échappe dans la cheminée T, où il est aspiré par l'appel naturel ou par un jet d'air comprimé. Des ouvreaux, U, U, sont ménagés aux deux étages pour régler la température ou la quantité d'air. Le malt, constamment maintenu, d'une part avec une surface chaude, de l'autre avec de l'air chaud toujours sec, subit un séchage complet et rapide, autant qu'économique, puisqu'il se fait sans dépense de combustible, avec la chaleur perdue de la vapeur d'échappement. La vitesse des râteaux est réglée de manière que le malt vert séjourne 6 heures dans la touraille, 2 heures sur chaque plateau.

Dans le cas où la quantité ou la chaleur du courant d'air serait insuffisante, rien n'est plus facile que d'installer un calorifère très-simple, chauffé encore par une chaleur perdue. Ce calorifère, composé de tuyaux en fonte, serait placé entre le générateur et la cheminée pour utiliser la chaleur des gaz de la combustion, au lieu de l'abandonner à l'atmosphère qui n'en a que faire.

Description d'une touraille à évaporation et torréfaction dans le vide, avec chauffage par eau chaude et séchage préparatoire à air libre.

Cette touraille, représentée dans la planche IV, commence par enlever la première moitié de l'humidité du malt à l'air libre. La seconde moitié, plus rebelle, est enlevée par l'action combinée du vide et de la chaleur.

Le séchage préparatoire se fait sur deux plateaux superposés, A et B. Le malt vert, étendu en couche de 20 à 25 centimètres sur une aire circulaire en tôle, A, est retourné continuellement par quatre râteaux, *a*, montés sur un arbre vertical, XX, et chauffé légèrement par la chaleur de la chambre inférieure. Il perd ainsi rapidement les premières portions de l'eau qu'il renferme; au bout de six heures, on le jette, par la trappe T sur le plateau B, en tôle percée, ou en toile métallique, où il est traversé, pendant le même temps, *de haut en bas*, par un courant d'air chaud. A cet effet, le plateau est entouré d'une cloison circulaire, *b b*, en bois, qui forme un espace annulaire, NN, entre un mur en briques et elle. Dans cet espace est établi un serpentin d'eau chaude, qui commence par 6 tuyaux, *uu*, posés diamétralement sous le plateau A, et qui est alimenté par un réchauffeur chauffé par la chaleur perdue du foyer du générateur.

L'air est admis par 6 ouvreaux inférieurs, *oo*, s'élève en se chauffant, débouche dans la chambre par 6 ouvertures supérieures, *dd*, récupère au contact des tuyaux, *uu*, la chaleur qu'il cède au plateau A, descend, traverse le malt de haut en bas et s'échappe par la cheminée C, où il est appelé par l'aspiration naturelle ou bien par un moyen mécanique, ventilateur ou jet d'air comprimé. Au bout de 6 heures, le malt a perdu plus de

la moitié de son humidité. Il est alors introduit dans l'appareil
à vide, avec une température de 40°.

Cet appareil, tout en tôle, comprend : 1° une trémie cylindro-
conique, D, munie d'un presse-étoupe et d'un trou de chargement,
Q ; la partie inférieure, *hh*, est en tôle trouée; 2° un cylindre
vertical, GG, muni d'une tubulure, I; 3° une trémie inférieure
cylindro-conique, KK, fermée par une porte à charnière, L. Ces
trois parties sont traversées au centre par l'arbre vertical XX.
La tubulure I communique avec un condenseur à eau et une
pompe à air qui fait le vide dans l'appareil pendant toute la
durée de l'opération et qui aspire la vapeur d'eau du malt depuis
la trémie *hh* jusqu'au bas de l'appareil. Les trémies D et K peuvent contenir une charge entière, c'est-à-dire tout le malt
séché en 6 heures sur le plateau B. Deux bras, *rr*, égalisent le
malt versé par le trou Q. Le malt, glissant sur le cône *hh*
s'engage dans le *séchoir*.

Que l'on se figure un grillage, EE', cylindro-annulaire en
tôle percée, surmonté d'un cône, FF, fixé par 2 croisillons
à l'arbre X et animé d'un mouvement de rotation assez lent.
Il tourne sur un plateau annulaire fixe, *mm*, percé d'une ouverture, O, de telle sorte que le malt, passant successivement
sur cette ouverture, s'abaisse d'une manière continue et régulière dans le cylindre et est remplacé au fur et à mesure par
du malt de la trémie D. L'intervalle EE' étant de $0^m,20^c$, supposons la partie médiane occupée par un vase en tôle, HH, de
même forme, haut de 1 mètre et large de $0^m,10$, fixé par 4 bras aux
parois du cylindre GG. Un tuyau, *ff*, amène de l'eau à 75° en
deux points au fond de ce vase; un tuyau, *gg*, la reprend en
deux points opposés à la partie supérieure. On obtient ainsi
une grande surface avec une faible hauteur. Le malt descend
contre un courant inverse d'eau en prenant une température

croissante de 40° à 60°, pendant que celle de l'eau décroît de 75° à 50°. Pour faciliter la descente du malt, le grillage possède une légère inclinaison de 2 centimètres sur la hauteur.

Le mouvement de rotation renouvelle sans cesse les surfaces et réunit encore l'avantage de séparer les germes.

Sous l'influence combinée de la chaleur et du vide, le malt perd la seconde moitié de son humidité. Il tombe alors par l'ouverture O dans le *torréfacteur* MM' qui est semblable au séchoir précédent, sauf la hauteur qui est seulement de 0^m,75; puis il tombe par l'ouverture *p* dans la trémie K, où des bras, *ss*, l'égalisent. Le vase en tôle PP reçoit par le tuyau CC de l'eau à 100° venant du réchauffeur R chauffé par la vapeur d'échappement de la machine motrice. C'est cette eau refroidie à 75° qui se rend par le tuyau *ff* dans le vase HH du séchoir. Après celui-ci, le tuyau *gg* la retourne à la partie inférieure du réchauffeur. Dans le torréfacteur, le malt perd les dernières portions de son eau si elles ne sont déjà enlevées et prend sous le vide une température croissante de 60° à 75°.

Si l'on veut avoir une température de l'eau supérieure à 100°, rien n'est plus facile : il suffit de prendre, au lieu d'eau ordinaire, de l'eau tenant un sel quelconque en dissolution, de l'eau salée, par exemple, qui bout à 108°. — Dans ce cas, on compléterait le chauffage de la vapeur par la chaleur perdue du foyer.

Observations sur le brassage ou préparation des moûts.

La préparation des moûts se fait soit par *infusion,* soit par *décoction,* soit par la combinaison de ces deux moyens. Je n'ai nullement l'intention ici de discuter ces méthodes que chacun pratique, même avec des variantes qui donnent des produits

tout aussi variés. Pour le moment, mon but est de suivre l'a-
cide lactique partout où il passe, et de chercher à l'arrêter autant que possible. Cependant, avant d'entrer dans la question,
je crois utile, pour mieux l'éclairer, de décrire sommairement
les propriétés des principales substances qui entrent dans la
composition de la bière, notamment de celles qui proviennent
du malt : l'*amidon ou fécule du grain*, — *le gluten*, — *la
diastase*, — *la gomme-dextrine*, — *le sucre*, — *les résines et
l'hordéine*.

Amidon. — L'amidon d'orge, comme toutes les autres fécules,
se conserve sec sans s'altérer. A l'humidité il finit par s'altérer
et s'aigrir, surtout si, comme dans le grain du malt, il est mélangé à toutes les autres substances qui le composent.

L'amidon hydraté avec 38 p. 100 d'eau n'éprouve aucun
changement jusqu'à ce que la température ait atteint 55 degrés
centigrades; après quoi il commence à faire de l'*empois*, qui
n'est autre chose que de la fécule modifiée. C'est vers 60° que
la formation d'empois commence sérieusement; vers 75° elle
est presque instantanée, et cela dure jusqu'à 130°. Au-dessus
et jusqu'à 150°, l'*empois se dissout* et se convertit en dextrine,
et plus tard en sucre, vers 170°. La diastase et le gluten con-
vertissent aussi l'amidon en dextrine, puis en sucre; mais
l'opération ne se fait promptement qu'à partir de 65° et
jusqu'à 85° au plus : 75° est le moyen terme admis. — Au-
dessus de 85°, la diastase n'a plus d'action sensible.

Gluten. — Le gluten, qui joue un grand rôle pendant la germination de l'orge en produisant la diastase, continuera à en
jouer un très-grand pendant et après la fabrication de la bière,
notamment dans la saccharification et dans la fermentation, où
il donne naissance à la levûre. C'est aussi le gluten, ou ses
dérivés, azotés comme lui, qui donne naissance à de fausses

fermentations dont les conséquences sont souvent funestes aux brasseurs.

Le gluten est à peu près insoluble à chaud et à froid dans l'eau pure, mais il *s'y dissout*, en partie, en présence de certains acides étendus, notamment l'acide acétique et l'acide lactique, qui gonflent la matière et la liquéfient, surtout à l'aide de la chaleur. Les alcalis le précipitent de sa dissolution dans ces acides.

L'ébullition précipite le gluten dissous dans l'eau pure. Celui qui est dissous par les acides n'est pas précipité; il sert dans les fermentations pour produire la levûre. Mais ce qu'il en reste après la fermentation dans les bières leur est plutôt nuisible qu'utile, parce qu'il est cause de graves altérations. La présence de l'acide lactique produit pendant la germination de l'orge *est indispensable pour préparer le moût à bien fermenter*. Mais la quantité doit en être ramenée au *minimum*, afin d'éviter les accidents ultérieurs. Plus haut j'ai déjà cité les degrés acétimétriques que l'on ne doit pas dépasser.

Beaucoup de brasseurs ont pensé diminuer la matière glutineuse des moûts en employant, avec le malt, des féculents peu riches en matières azotées; presque toujours ils ont eu des bières qui ne se conservaient pas mieux, et souvent moins bien, que celles faites avec du malt pur. Ceci s'explique de la manière suivante : Une dose d'acide lactique pouvant dissoudre une dose correspondante de matières glutineuses, deux doses d'acide lactique en dissoudront le double, et ainsi de suite. Or, comme il y a toujours assez de gluten à dissoudre dans les malts employés, la quantité dissoute sera toujours proportionnelle à la quantité d'acide produite pendant le maltage et les trempes; et, comme nous l'avons vu plus haut, cette quantité peut être suffisante pour fournir du gluten en excès dans les liquides, malgré l'emploi de féculents qui n'en contiennent pas.

Diastase. — La diastase est un produit, peu défini jusqu'ici, qui se forme pendant la germination des grains, par certaines transformations d'une partie du gluten, et sous l'influence peut-être des acides produits. L'orge est le grain qui en produit le plus.

Pour obtenir le plus de diastase possible, il faut que la germination soit poussée jusqu'à ce que la plumule soit sur le point de sortir de l'enveloppe; et c'est ce à quoi tiennent essentiellement les bons malteurs, ou plutôt les brasseurs qui veulent avoir du bon malt, la diastase étant pour les opérations du brassage un agent qu'il faut conserver précieusement, soit dans le malt en magasin, soit dans les opérations où elle est appelée à agir dans toute sa force.

La diastase est très-soluble dans l'eau froide et l'eau chaude, et pas dans l'alcool anhydre. Sa principale propriété pour le brasseur est celle de pouvoir convertir, sous l'influence de l'eau, l'amidon en dextrine, et celle-ci en sucre. La température la plus favorable à cette action est comprise entre 60 et 80 degrés centigrades. Au-dessous de 60 degrés, la réaction chimique, qui ne semble être qu'une fermentation saccharine, est plus lente et décroît rapidement, de manière à devenir insensible au-dessous de 40 degrés; encore faut-il que les grains d'amidon soient brisés et convertis en empois. Et comme l'empois ne se forme bien qu'à partir de 60 degrés, le phénomène ne peut sérieusement commencer que lorsque la masse a atteint cette température; *tout le temps que l'on perd à l'atteindre est nuisible : il produit de l'acide lactique en laissant dormir la diastase.*

Vers 92 degrés la diastase a cessé d'être active; l'ébullition la fait disparaître.

Abandonnée à l'air humide, surtout après la mouture du malt, elle s'altère très-promptement et devient acide, principalement en été, et donne naissance à des accidents qui entraînent des pertes considérables et irréparables. Cette matière utile doit donc être précieusement conservée, tant au point de vue de son pouvoir de transformation qu'à celui des conséquences ultérieures de son altération. Beaucoup de brasseurs prétendent qu'il y a toujours assez de diastase, même en employant des féculents crus à haute dose. J'admets en principe qu'ils se trompent fortement, et que, plus il y aura de *bonne diastase* dans le malt, plus on sera garanti contre les accidents ultérieurs et les irrégularités des brassins.

Les *silos en fer* sont la conséquence de ces observations.

Dextrine. — La *dextrine* ou *gomme-dextrine* préexiste dans l'orge et dans presque toutes les céréales. Sa composition chimique est la même que celle de l'amidon, mais sa constitution est différente, et par conséquent ses propriétés physiques et chimiques. Elle est très-soluble dans l'eau, à froid comme à chaud, et devient, en séchant, analogue à la gomme arabique. L'iode ne la colore pas. Ses dissolutions sont visqueuses, ce qui donne à la bière la mousse, l'onctuosité, le gommeux que l'on recherche, ainsi que le collant qu'on remarque sous les verres. Les bières dites de Strasbourg en contiennent de 6 $\frac{1}{4}$ à 8 $\frac{1}{2}$ p. 100.

L'amidon se convertit d'abord en dextrine, sous l'action de la diastase, dans l'eau chaude (60 à 80 degrés centigrades); mais la température seule peut produire le même effet : 140 à 150 degrés suffisent. D'après l'avis des chimistes qui s'occupent de la matière, le ferment n'agirait pas sur la *dextrine pure*, tandis qu'il n'en est certainement pas de même sur les dextrines obtenues en brasserie, et en distillerie surtout. Dans cette dernière industrie, il arrive quelquefois, à cause des exigences de la régie, que les macérations ne durent que 30 minutes, que par conséquent peu de sucre est produit ($^1/_4$ au plus contre $^3/_4$ de dextrine); et cependant les quantités d'alcool recueilli correspondent au rendement exigé pour la quantité de matière employée.

Je vais essayer de donner l'explication de ces faits. L'amidon, dans la distillerie, est trempé avec la diastase à une température qui ne dépasse pas 80° et que l'on fait descendre rapidement à 15°-20° pour la mise en fermentation. La dextrine produite à cette température *n'est pas fixe* du tout, et continue à être influencée par la diastase *qui n'est pas détruite* et qui l'accompagne à la fermentation. Dans les brasseries, après avoir réuni les trempes à 75°, la dextrine est soumise, en tout ou en partie, *dans diverses stations,* selon la volonté du brasseur, à une ébullition *à l'air libre* plus ou moins prolongée, qui détruit une partie de la diastase *et fixe la dextrine;* celle-ci devient réellement dextrine, rebelle à la fermentation, à cause de la *surélévation* de la température, qui, pour produire un effet complet, doit atteindre 140° à 150°.

Puisque l'ébullition, telle qu'elle est pratiquée dans les brasseries, ne dépasse pas 100°, il serait difficile d'admettre au premier examen qu'elle ait pu amener la *fixation de la dextrine,* qui exige de 140° à 150°. Mais si l'on réfléchit que cette ébullition est prolongée *souvent pendant une heure,* selon les idées du brasseur, à une ou plusieurs reprises, on reconnaîtra que la trempe, agitée mécaniquement, *présente et représente,* pendant tout le temps de l'ébullition, les diverses portions de sa masse aux surfaces qui transmettent le calorique et qui, pour un instant, en partie suffisant, surchauffent le liquide en contact avec elles. Si ces surfaces *sont chauffées par la vapeur,*

elles peuvent atteindre, dans les conditions de pression générale-
lement admises, 140° et même 152°. Si elles sont *chauffées par
la flamme*, il en est autrement; elles atteignent environ 1000°
pour les surfaces directes, et 600° pour les indirectes, en
moyenne 800°; elles surchauffent donc beaucoup plus la partie
du liquide qui les touche immédiatement que les surfaces
chauffées par la vapeur. Ceci explique *la résistance très-vive
et persévérante des brasseurs à l'emploi de la vapeur pour les
trempes et la cuisson des moûts,* malgré les avantages réels qui
en résultent. On a remarqué, en effet, et sans trop s'en rendre
compte, que les bières obtenues dans les brasseries qui travaillent à vapeur sont généralement plus alcooliques, portent
plus à la tête, sont moins moelleuses, tout en se conservant
aussi bien que celles travaillées à feu nu. Les analyses nom-
breuses et souvent répétées que j'ai faites sur des bières de
brasseries bien connues de l'Est de la France, de Strasbourg
et d'Allemagne, m'ont donné la conviction que cette explication
est à prendre en sérieuse considération.

Je donne ici le tableau de cinq de ces analyses.

	BIÈRES				
	de l'Est.		de Strasbourg.		de Vienne.
Alcool	5,50	5,75	5,20	4,75	5,50
Gomme	6,30	6,25	6,60	8,40	6,50

Les bières les plus chargées en dextrine et les moins en
alcool étaient les mieux accueillies par la consommation. Or,
comme dans la brasserie la dextrine coûte *exactement* deux
fois moins que l'alcool, c'est la question *dextrine* qui devient
importante à surveiller. En admettant, comme exemple, que
l'on règle la fabrication à 16° Balling et que l'on emploie une
dose de malt correspondante, il arrivera, en moyenne et en

bonne fabrication ordinaire, que le moût comprendra 6 p. 100 de dextrine fixe et 10 p. 100 de matière alcoolisable (sucre et dextrine non fixe) donnant moitié de son poids en alcool. Cette bière contiendra donc 5 p. 100 d'alcool et 6 p. 100 de *moelleux*, de *bouche*, pour me servir de l'expression consacrée.

Mais, par suite de circonstances imprévues, différences dans les malts, farine plus ou moins échauffée, ou plus ou moins lactique, ralentissement dans le travail pour une cause quelconque, oubli d'un ouvrier ou d'un contre-maître, températures différentes dans les trempes et dans l'air extérieur, etc., etc., il peut arriver qu'au lieu de trouver, dans le moût à 16° Balling, 10 p. 100 de matières alcoolisables et 6 p. 100 de matières fixes, il se trouve 11 p. 100 des premières et 5 p. 100 des secondes, ou inversement. Dans le cas de 11 p. 100, la bière accusera 5 $\frac{1}{2}$ d'alcool et 5 de *bouche*. Le consommateur l'accusera de faiblesse malgré sa force, tandis qu'il trouvera *très-corsée* celle qui n'aura que 4 $\frac{1}{2}$ d'alcool et 7 de bouche.

Sans parler ici des questions d'*eau*, qui sont connues de tout le monde, il est facile de comprendre que toutes les opérations du brasseur, comprenant le *maltage*, le *séchage*, le *touraillage*, la *conservation du malt* et sa *mise en œuvre*, jusqu'à la cave à fermenter, sont essentiellement reliées entre elles, et peuvent donner lieu à des résultats très-complexes, par lesquels la pratique seule, *sans le secours de la physique et de la chimie*, sera toujours inquiétée et exposée à des mécomptes continuels; c'est ce qui arrive malheureusement dans toutes les brasseries, grandes ou petites, et souvent quand elles s'y attendent le moins.

Plus loin, je continuerai la critique des moyens employés dans la brasserie, et j'espère que j'arriverai à jeter un peu de lumière sur la question.

Sucre. — Le *sucre* ou *glucose* préexiste dans l'orge, et il s'en développe aux dépens de l'amidon, sous l'influence des agents dont j'ai parlé plus haut, à partir de la germination de l'orge jusqu'à la fin des trempes, c'est-à-dire jusqu'à la chaudière-à houblonner, dans laquelle l'ébullition arrête toute transformation. Il est très-soluble dans l'eau ; il se colore et se caramélise lorsqu'on élève la température, même en subissant une ébullition prolongée à 100 degrés, et surtout à feu nu. Il brunit fortement à chaud en présence des alcalis.

Le sucre s'obtient par l'action de la diastase convenablement conduite sur tous les féculents, tels que le malt, les grains crus, le riz, le maïs, les fécules ordinaires, etc. Il s'obtient aussi par l'action directe des acides minéraux. C'est aux brasseurs, selon leurs vues et leurs intérêts, à savoir ce qu'ils doivent employer. Mais, à part le mélange très-sobre et bien motivé de quelques féculents, les *bonnes bières* ne s'obtiennent qu'avec du *bon malt d'orge.*

Résines et hordéine. — Je n'ai que deux mots à dire des *matières résineuses* et de l'*hordéine* qui semblent ne faire qu'un, et qui préexistent dans l'orge. Ces matières, ou cette matière, à part un goût spécial ou *arome* qu'elles communiquent à la bière, ont peu d'influence dans les opérations du brasseur. Le goût ou arome particulier au malt d'orge provient de ces substances ; il est développé par la torréfaction qui succède au séchage dans la touraille, et cela dans des conditions variées, selon les températures auxquelles cette torréfaction a été faite : c'est un phénomène analogue à celui produit par la torréfaction du café, du thé et du cacao.

Brassage par la méthode allemande.

Après la courte description que je viens de faire des propriétés physiques et chimiques des matières qui entrent dans la composition de la bière (*sauf le houblon sur lequel je reviendrai*), je vais aborder la critique des opérations du brassage, telles qu'elles se font aujourd'hui; et, pour ne pas entrer dans tous les sous-détails employés par les divers brasseurs, qui ont chacun leur système, je mettrai en discussion celui qui est le plus généralement employé, et dont la *planche* V donne la disposition des appareils. Ce procédé est le procédé allemand, autrichien et bavarois, et je fais l'hypothèse que la brasserie travaille par brassins de 100 hectolitres.

1° 30 quintaux métriques de malt sont pris sur les tas amoncelés sur de grands greniers, où, comme je l'ai déjà dit, ils sont exposés aux insultes des insectes, à la poussière et à l'action de l'air plus ou moins humide, selon les saisons. Ce malt peut contenir assez ou trop d'acide lactique, selon la manière et l'époque de sa fabrication; ses saletés adventives sont encore autant de causes de perturbations pour les trempes.

2° Les 30 quintaux de malt sont portés aux cylindres A qui les écrasent pour les préparer à l'hydratation. Avec une force assez considérable, cette opération durera en moyenne 3 heures. Elle échauffe le grain qui s'entasse dans la trémie B pour attendre l'heure du brassin. Dans la trémie B, *en été surtout*, le malt, écrasé et partiellement en farine, *s'échauffe* d'autant plus qu'il a été préparé longtemps d'avance, ce qui arrive trop souvent. L'échauffement du malt augmente la dose d'acide lactique primitive, agit d'une manière pernicieuse sur la diastase et sur le gluten, et prépare, par ce fait, des désordres dans les opérations ultérieures.

3° Lorsque l'on veut commencer le brassin, le malt écrasé sort de la trémie B, passe, avec 50 hectolitres d'eau froide, par l'appareil Neubecker, et pénètre dans la cuve-matière C, où le mélange est fortement agité pour produire une hydratation aussi complète que possible. Le volume de la masse occupe environ 68 hectolitres. Le temps nécessaire pour faire cette opération est ordinairement de trois quarts d'heure à une heure. L'air emprisonné dans la farine de malt ou entraîné avec elle, continuera à rester enfermé dans la masse, jusqu'à la filtration, pour toutes les parties qui n'auront pas été portées à l'ébullition. La nécessité de moudre à plat et aussi gros que possible, à cause de la filtration ultérieure, qui, sans cela, ne se ferait pas bien (surtout si l'on ajoute des féculents sans écorce), a l'inconvénient de rendre *l'hydratation très-longue*, ou sinon très-inégale.

En été, la température de cette première trempe atteint souvent 20 degrés et les dépasse quelquefois. Alors, et surtout avec le concours de l'air emprisonné dans la masse, la fermentation lactique commence sérieusement.

4° Pendant que l'on fait la première trempe, on a préparé 50 hectolitres d'eau bouillante dans la chaudière à feu nu ou à vapeur D. Cette eau bouillante est versée sur la trempe en E, au moyen de la pompe G et en quantité suffisante pour obtenir une température de 45° environ. Le mélange représente environ 118 hectolitres. On est obligé, *pour ne pas saisir trop brusquement la diastase et l'amidon* (ce que l'on appelle *brûler le brassin*), de verser l'eau bouillante avec précaution en agitant fortement la masse. Cette opération dure une demi-heure, pendant laquelle la fermentation lactique continue, d'autant plus que la température de la masse s'élève vers 45°, température qui lui convient le mieux.

5° Aussitôt l'eau bouillante versée dans la cuve-matière, et le tout bien mélangé, on en fait entrer 50 hectolitres dans la chaudière D. On a soin de chauffer *lentement*, en agitant mécaniquement, afin de ne pas brûler la chaudière *et de ne pas réagir trop rapidement, surtout à feu nu, sur l'amidon et sur la diastase qui ne peuvent supporter que* 75°, température à laquelle on amène toute la masse. On l'y maintient pendant un quart d'heure environ, ce qui n'est ni facile ni commode avec les chaudières à feu nu ordinaires. Il faut ouvrir les portes du foyer, retirer du feu, en remettre, etc. La plupart du temps cette opération, outre qu'elle disloque les rivets des chaudières, coûte beaucoup de combustible, n'atteint pas le but que l'on se propose, et il est rare que l'on ne soit pas ou au-dessous ou au-dessus de la température que l'on recherche. Après avoir laissé la masse pendant un quart d'heure environ à 75°, on pousse vivement à l'ébullition et on la maintient pendant un quart d'heure.

Pendant cette opération, l'amidon a été décomposé et a donné naissance à peu de sucre et à beaucoup de dextrine, l'ébullition ayant arrêté l'action de la diastase, et le contact partiel de la dextrine contre la surface de chauffe en ayant *fixé* une partie.

Toute cette opération dure environ une heure et demie, pendant laquelle les 68 hectolitres restés dans la cuve-matière à 45° continuent à produire de l'acide lactique.

6° On fait alors revenir la trempe bouillie dans la cuve-matière C, où on la mélange avec ce qui restait pour obtenir environ 63°. Après quelques minutes de repos, on ramène dans la chaudière D 60 hectolitres du mélange que l'on porte vivement à l'ébullition pour l'y maintenir $^3/_4$ d'heure ou 1 heure.

Cette opération a pour but de détruire l'action de la diastase, et, par cette ébullition prolongée, de *fixer* la quantité de dextrine que l'on veut dans la bière, 5, 6 ou 7 p. 100, selon les cas. Pendant une heure $^1/_4$ au moins qu'a duré cette opération, les 58 hectolitres restés dans la cuve-matière C ont continué, tout en se préparant déjà à la saccharification, à former de l'acide lactique; car il s'en fait même encore à 80°.

7° Aussitôt l'ébullition en D terminée, on fait passer le tout en C, de manière à y obtenir un mélange bien homogène à la température de 75°; puis, au moyen de la pompe H, on verse la masse sur le filtre E, où on la laisse reposer pendant une heure. Ce repos d'une heure est nécessaire pour atteindre deux buts : le premier est la saccharification par le gluten, et aussi par la diastase provenant encore des 58 hectolitres abandonnés dans la cuve-matière; cette saccharification se fait surtout aux dépens de la dextrine échappée à la fixation; le second but est le dépôt des drèches *pour former le filtre* qui, à la façon du marc dans les cafetières à la minute, ne doit laisser passer que du moût parfaitement limpide. Je ferai remarquer essentiellement ici que l'opération de la saccharification, ainsi que les décompositions antérieures dans la chaudière D (§ 5°), s'obtiendrait *bien plus rapidement,* si le malt, au lieu d'être grossièrement écrasé, avait été moulu en fine farine. La décomposition serait alors parallèle entre tous les grains d'amidon; tandis qu'avec le malt simplement écrasé, les petits grains, depuis longtemps décomposés par la diastase, sont obligés d'attendre les plus gros, dont une partie reste non transformée, de manière à faire perdre au brasseur souvent plus de 12 p. 100 de la substance utile du malt. *Cette question très-grave de la mouture fine du malt est posée depuis long-temps;* car sa solution assurerait des *décompositions plus promptes, plus régulières, plus complètes,* trois avantages considérables. Jusqu'ici c'est la question de *filtration seule* qui s'est opposée à l'emploi de ce moyen.

Après une heure de repos, on commence la filtration qui conduit le moût clair dans la chaudière à cuire et à houblonner F. *Quand tout va bien,* l'opération se fait en 2 heures. Aussitôt la *première filtration* terminée, on *coupe* les drèches, soit à la main, soit à la machine, pendant une demi-heure; après quoi on les arrose avec environ 30 hectolitres d'eau bouillante, de manière à ce que les drèches fraîchement remuées en soient couvertes. On laisse le tout en repos pendant 10 minutes environ, puis on commence la *deuxième filtration,* en laissant toujours les drèches couvertes d'eau chaude. On continue jusqu'à ce que 60 hectolitres de liquide aient encore passé dans la chaudière F.

Je ferai remarquer ici que l'opération indispensable du coupage des drèches, après la première filtration, a introduit dans celles-ci une nouvelle quantité d'air, qui donne une nouvelle vigueur à la *fermentation lactique.* Le temps passé par le brassin dans le filtre E ne sera jamais moins de 5 heures; après quoi tout est rendu dans la chaudière F.

8° A partir de la première filtration et aussitôt que le fond de la chaudière F est couvert, on commence l'ébullition pour la continuer jusqu'à ce que les 160 hectolitres de liquide qu'elle a reçus soient réduits à environ 130, que l'on envoie bouillants sur les bacs K.

Le travail de la chaudière dure environ 6 heures; il est poussé lentement pendant les 2 premières et très-activement pendant les 4 dernières. Le houblon y est mis en différentes fois et en quantités différentes, selon la volonté du brasseur.

Dans le cas qui nous occupe, la chaudière F a donc pour

but de faire l'évaporation d'environ 30 hectolitres d'eau, de clarifier le moût et de le houblonner. *Ces chaudières, en travaillant lentement, traînent les produits en longueur, dépensent beaucoup de combustible et sont loin de bien utiliser tous les principes utiles du houblon* dont les plus subtils sont entraînés dans l'air par l'évaporation.

9° Aussitôt que le moût est *clarifié,* ramené à la densité voulue (15° à 16° Balling dans l'exemple que j'ai choisi), et convenablement houblonné, on le soutire et on le fait arriver sur les bacs K, situés en vue du plus prompt refroidissement possible. Le moins qu'on puisse l'y laisser séjourner en été, c'est environ une heure, jusqu'à ce qu'il ait atteint 50° et formé son *dépôt.* On commence alors à le faire passer par des réfrigérants qui le conduisent à l'entonnerie avec une température de 5° ou 6° au plus. A moins de réfrigérants très-puissants, l'écoulement dure deux heures et demie environ, pendant lesquelles la température du moût s'abaisse peu à peu de 50° à 30°. Arrivé à ce moment des bacs, je me rencontre avec M. Pasteur, et je constate, comme lui, que, pendant ces 3 heures et demie, le brasseur doit s'attendre à voir son moût réensemencé de *toutes sortes de ferments* apportés par l'air et variables selon l'état de l'atmosphère et la direction des vents.

10° Si nous faisons l'addition des heures employées aux différentes stations du brassin, depuis la mouture jusqu'à la mise en levain, nous trouvons un minimum de 18 heures, ou de 15 heures si l'on ne veut pas compter le temps de la mouture.

Pour compléter la description que je viens de faire du brassage, système bavarois ou autrichien, je vais indiquer la *marche progressive qu'a suivie la formation de l'acide lactique* pendant le temps du brassin. Le tableau suivant, résultat d'expériences, fait connaître les degrés d'acidité aux différentes stations du brassage.

Malt en grains.	10 divisions de l'acétimètre.	
Première trempe à froid.	18	»
Deuxième trempe à 45°, après le repos.	32	»
Troisième trempe à 63°, d°	40	»
Mélange, sur le filtre, d°	32	»
D° à la fin de la filtration	50	»
D° après le coupage des drèches et addition d'eau chaude	44	»
Moût houblonné, avant les bacs.	34	»
D° au sortir des bacs. . .	40	»

On voit, par ce tableau, la marche ascendante de l'acide lactique; comme un ennemi redoutable qu'il faut harceler sans cesse, il profite de la moindre minute de repos pour avancer d'un pas, pour étendre ses ravages. Il faut donc le combattre sans trêve ni merci [1].

Des modifications à apporter au brassage.

J'ai exposé plus haut ma manière de voir sur le maltage, le touraillage et la conservation du malt. Je vais donc continuer à exposer mes observations sur la salle de brassage, dans laquelle on exécute toutes les opérations, depuis la mouture du malt jusqu'à la mise en fermentation du moût.

En sortant de la salle à brasser dont j'ai donné la description avec la planche V, je suis frappé par les faits suivants:

1° Que les matières soumises au brassage sont exposées

---

1. Les anomalies apparentes, dans les chiffres du tableau, proviennent des mélanges et des coupages que le moût subit jusqu'à la fin.

presque partout à subir des altérations considérables et dange-
reuses, surtout en été ;

2° Que ces altérations sont d'autant plus à craindre que la
conception, la distribution et le mode de fonctionnement des
appareils *font perdre beaucoup de temps* aux opérations dont
l'ensemble, depuis la mouture du grain jusqu'à la mise en
levain, dure environ 18 heures;

3° Que la manière *intermittente* de procéder par brassins de
100 hectolitres (c'est le cas que je choisis pour établir mes
comparaisons) ne permet pas de faire plus de deux brassins
par jour, dans de bonnes conditions et tout en mettant déjà
le personnel sur les dents, si le brasseur ne se décide à l'augmenter ;

4° Que, pour procéder d'une manière intermittente, on est
obligé d'avoir une *grosse et coûteuse installation,* qui, se repo-
sant une partie de la journée, oblige sans cesse le personnel
à changer ses stations de travail, disloque le matériel et *use
énormément de combustible.*

Les conséquences du système actuel se résument donc en
dépenses plus considérables d'installation, de main-d'œuvre
et de combustible; *épuisement imparfait* de la matière première; *irrégularité,* sans pouvoir y porter remède, dans la
composition de la bière, et *danger permanent* d'y introduire
des éléments nuisibles à sa *clarification* et à sa *conservation,*
notamment l'*acide lactique.* Une telle irrégularité dans la
composition et dans la qualité des produits se traduit par une
irrégularité correspondante dans les ventes, *par le mécontcn-
tement de la clientèle,* à laquelle il faut faire des concessions,
finalement par des pertes et souvent par la ruine.

Instruit et guidé par une laborieuse et coûteuse expérience,
j'ai acquis la *conviction* qu'en s'y prenant bien, il est facile

d'éliminer la plus grande partie des causes de ces dépenses exagérées et de ces irrégularités dans la qualité des produits.

L'ensemble des opérations de la brasserie repose sur divers éléments : *l'eau, les matières premières,* leur préparation, leur conservation, leur mise en travail, *les saisons, l'état atmosphérique, l'intelligence directrice, le débouché, le capital.* — Tels sont, *grosso modo,* les éléments avec lesquels doit compter le brasseur. L'un est plus ou moins maître de ceux-ci, l'autre, de ceux-là, et fort peu, je pense, sont maîtres de tous.

Les grandes brasseries allemandes, qui sont rassurées sur l'élément capital, n'ont pas hésité à éliminer le danger résultant des saisons et de l'état de l'atmosphère : elles ne germent et ne brassent qu'en hiver, *et mettent cet hiver en cave* pour conserver leurs produits pendant l'été.

Elles ont *éludé ainsi brutalement* les questions les plus délicates de la fabrication. En France, où le climat est un peu différent, la consommation différente et les expéditions tout autres, je ne pourrais me décider à conseiller l'emploi du système allemand, dont la réussite, du reste, serait généralement trop exposée.

Je crois fermement, et la pratique sur beaucoup de points m'a déjà donné raison, qu'au lieu de vouloir, comme les brasseries allemandes, éluder les questions, *il vaut mieux les aborder toutes,* en adoptant, autant que possible, la *fabrication permanente* d'été et d'hiver, et en demandant sérieusement *à la science* et à l'expérience les moyens d'introduire l'harmonie entre tous les éléments.

Déjà beaucoup d'hommes dévoués mettent leur savoir au service de la brasserie, en France comme en Allemagne. Les uns s'occupent des questions délicates et très-obscures encore de la fermentation, de la clarification et de la conservation; d'autres dirigent leurs observations sur les matières premières, — tandis que j'ai entrevu la possibilité d'apporter mon contingent, en m'occupant plus spécialement de la question du *brassage,* c'est-à-dire de *la préparation des moûts.*

Cette station intermédiaire de la brasserie, qui se trouve entre la préparation des matières premières et le travail de la fermentation et des caves, a plus d'importance qu'on ne le pense généralement. Bien comprise dans ses principes, non-seulement elle tirera meilleur parti des matériaux mis à sa disposition, *ce qui se traduira sensiblement en argent;* mais encore, et ce point est peut-être plus important que l'autre, *elle enverra aux fermentations des moûts plus purs et plus réguliers* qui faciliteront les recherches chimiques et physiologiques des savants, et leur permettront d'affranchir la fabrication d'une grande partie *des précautions si sévères* qu'ils recommandent et qui entrent ordinairement peu dans les habitudes de l'industrie.

Beaucoup d'autres, avant moi, se sont occupés spécialement de la salle à brasser (*Sudhaus*); beaucoup d'ingénieurs constructeurs, *en Allemagne notamment,* ont inventé pour la brasserie bon nombre de machines et d'appareils plus ou moins lourds, plus ou moins compliqués, plus ou moins chers, et partant, plus ou moins réussis. Cette grande exhibition d'appareils nouveaux prouve qu'à part le désir qu'ont les constructeurs de se créer de la besogne, il y a aussi dans l'industrie de la brasserie *un besoin général de perfectionnement, de remaniement et d'extension.*

En général, tout ce qui s'est fait dans la construction, les changements ou les perfectionnements des appareils de brassage, porte principalement sur la mécanique, *quelquefois sur la physique, et fort peu, que je sache, sur la chimie.*

Le but que je me suis proposé en apportant des modifications *très-importantes* aux appareils de brassage, a été de les construire et de les disposer de manière à remplir à la fois toutes les conditions : *économie dans le travail* et *application rationnelle des sciences mécanique, physique et chimique,* qui relient entre eux tous les phénomènes qui doivent se passer pendant la préparation des moûts.

Avant d'entrer dans le détail des différentes opérations du brassage et des appareils qui s'y rapportent, je commence par dire que je suis partisan de la FABRICATION CONTINUE et NON INTERMITTENTE. Je ne puis appeler *continu* le système de brassage bavarois ou autrichien représenté planche V et décrit page 42, lorsque, les deux tiers de l'année, un tel appareil ne fonctionnera que 5 ou 6 fois par semaine, et quelquefois moins; fonctionnerait-il deux fois par jour qu'il ne serait pas encore un appareil *continu.* J'appelle CONTINU un appareil faisant un service de petits brassins se répétant toutes les deux heures, et pouvant en faire par conséquent un, deux, trois, ... douze en 2, 4, 6, ... 24 heures, plus 6 heures pour le dernier; ce qui ferait en tout, pour chaque brassin, 7 et demie à 8 heures, depuis la mouture du grain jusqu'à l'entonnerie, au lieu de 18 que demande le procédé bavarois.

Deux applications de ce principe auraient été déjà faites et auraient bien réussi : la première par M. GASSAUER chez M. le comte de WALDSTEIN, en Bohême; et la seconde par M. HABICH, en Amérique, où l'on a constaté une économie de combustible de 50 p. 100.

Rien de plus naturel, du reste, que cette tendance de la brasserie à vouloir entrer dans les voies *de la sucrerie et de la distillerie;* celles-ci travaillaient aussi, à leur début, d'une manière intermittente, et se reposaient régulièrement toutes les nuits. Or, si une fabrique de sucre, qui travaille par 24 heures 200,000 kilos de betteraves, voulait aujourd'hui les travailler en 12 heures, *elle serait obligée de doubler son matériel,* et travaillerait dans les conditions les plus mauvaises et les moins économiques; elle serait probablement ruinée dès la première campagne.

C'est que le *travail continu, en brasserie comme en sucrerie et en distillerie,* offre des avantages considérables contre lesquels le travail intermittent ne peut lutter : *économie d'installation, amoindrissement de la main-d'œuvre, travail plus parfait et économie du combustible par la récupération permanente des chaleurs déjà employées, pour les utiliser à nouveau.*

Il n'est pas douteux que l'économie du combustible obtenue par l'application des dispositions que j'ai indiquées dans la planche X ne doive être de près de 75 p. 100. Je reviendrai sur cette importante question à la fin de cette brochure, où j'en donnerai un calcul spécial.

Je vais comparer, dans les pages suivantes, le brassage continu avec le brassage bavarois ou autrichien, que j'ai décrit page 42, planche V, et travaillant sur 100 hectolitres avec 30 quintaux de malt. J'admettrai pour le brassage continu que chaque opération doit faire 25 hectolitres toutes les deux heures, en ne dépensant que 7 quintaux de *malt moulu fin* au lieu de 7 et demi.

Préparation des trempes dans le vide, avec laveur de malt et moulin-broyeur à l'eau froide.

L'appareil est représenté dans la planche VI. Le malt tombe par une trémie, A, dans une auge demi-cylindrique en tôle, ayant une légère inclinaison montante et un double fond, CC, en tôle trouée. Il est retourné et poussé par une vis d'Archimède jusqu'à un déversoir, G, qui le verse dans le broyeur. Pendant ce trajet, il est constamment mouillé et nettoyé par des filets d'eau jaillissant d'un tuyau, EE, sur toute la longueur de l'auge. Cette eau traverse le malt et la tôle trouée, et, suivant la pente de l'auge, s'écoule dans l'entonnoir F, en entraînant avec elle les poussières et autres impuretés du malt, y compris l'acide lactique qui se trouverait éventuellement à sa surface. Le *broyeur,* semblable aux moulins à café, se compose d'une noix en fonte tournant dans une enveloppe parallèle en fonte striée, avec un jeu qu'on peut régler à volonté. Le profil est celui de 2 cônes striés et réunis par leurs bases, le supérieur ayant un fruit plus fort que l'enveloppe extérieure, afin de faciliter la descente du malt. Le broyeur se termine par un robinet inférieur et par un tuyau qui débouche dans un vase cylindrique, J, muni d'un agitateur et soumis à l'action du vide. Le moulin est maintenu plein d'eau jusqu'au niveau *mn,* à l'aide du robinet inférieur et d'un flotteur qui flotte dans un vase venu de fonte avec l'enveloppe, et séparé par une cloison en tôle trouée, et qui commande le robinet d'alimentation. Le malt versé sur le cône supérieur est chassé par l'eau qui tombe et s'engage dans le broyeur; le cône supérieur l'écrase et le prépare à une mouture plus fine, qu'il subit dans la noix inférieure. Le vide fait dans le vase J l'empêche d'obstruer le moulin en l'aspirant énergiquement; le malt moulu, poussé par la pression atmosphérique, tombe alors en pâte, aussi liquide que l'on veut, dans le cylindre J, que j'appelle *cuve-matière* et où il est constamment agité en attendant son emploi. Le robinet placé entre la cuve et le broyeur règle l'écoulement. Le malt reçoit dans la cuve-matière l'eau froide nécessaire pour compléter son *hydratation,* et dont la proportion est d'environ 1,700 kilos pour les 700 kilos de malt.

L'eau d'alimentation du broyeur doit *absolument* être ramenée au-dessous de 10° et même de 6° s'il fait très-chaud, afin que le mélange, pendant l'hydratation, ne dépasse pas 10°, *température essentielle pour ne pas former d'acide lactique.*

Ce broyage sous l'eau froide supprime tous les inconvénients du broyage à air libre : *Plus d'échauffement du malt, plus de folles-farines,* dont une partie se perd, et l'autre, se logeant dans les coins des appareils, subit souvent une fermentation putride, qu'elle communique partiellement au malt du lendemain ; *plus d'air entraîné dans la trempe ;* le vide, maintenu pendant l'hydratation à *basse température,* continue à préserver la masse de toute altération ; mouture très-fine et très-égale, qui rend l'hydratation plus rapide et plus homogène ; les trempes se font plus vite et plus régulières ; et l'épuisement du malt est plus complet, *de 10 à 12 p. 100.*

Il est vrai que si les trempes ainsi préparées devaient être filtrées par la drèche, l'opération ne pourrait marcher ; et, malgré tous les avantages qu'offre l'appareil que je viens de décrire, il faudrait y renoncer si la filtration ne pouvait se faire autrement. Mais il n'en est rien, comme nous le verrons.

Le lavage et le broyage à l'eau froide des 7 quintaux de malt auront duré une demi-heure ; une seconde demi-heure suffira *pour compléter, sous le vide,* l'hydratation dans la *cuve-matière* J ; total, une heure.

Je passe immédiatement au brassage.

Saccharification du malt, dans le vide, par vapeur détendue et avec chauffage à air chaud ou à vapeur.

L'appareil représenté dans la planche VII comprend : 1° deux chaudières verticales, D,E, de 40 hectolitres chacune, cylindriques, closes et munies d'agitateurs, de portières et de lunettes ; 2° un *condenseur* à eau, P, communiquant d'une part avec les deux chaudières, et de l'autre avec une pompe à air (X, sur la planche XI) ; 3° un *vaporisateur*, F, formé de plateaux sur lesquels on fait arriver de l'eau à 100° du *récupérateur à eau propre* (T, sur la planche XI) ; il communique avec la partie inférieure des deux chaudières, et une pompe refoule l'eau non vaporisée dans le récupérateur, où elle se réchauffe de nouveau à 100°.

La chaudière D, ou *dextrineur*, est entourée d'un carneau de fumée, qui, à l'aide de deux registres, prend à volonté, en *c*, la chaleur du foyer, *d*, d'un générateur voisin, sous les bouilleurs, et qui la rend par le carneau *f*, sous le corps du générateur. Elle peut être, si l'on préfère, chauffée par un double fond à vapeur.

La chaudière E, ou *saccharificateur*, est noyée dans un massif en briques rempli de corps isolateurs, tels que cendres, mâchefers, etc.

Ces deux chaudières communiquent par des tuyaux, munis de robinets, avec la *cuve-matière*, (C, sur la planche XI) ; et, pour ne pas compliquer inutilement la tuyauterie, c'est par ces mêmes tuyaux qu'arrivent la vapeur détendue, l'eau chaude et l'eau froide.

Je veux obtenir un brassin de 25 hectolitres net, pesant 15° à 16° au saccharimètre Balling. Je prends pour cela 700 kilos de

malt, que je partage entre les deux chaudières *en parties
égales ou inégales, suivant que je veux plus ou moins de dextrine.* Supposons-les distribués par moitié. La cuve-matière
renfermant 700 kilos de malt mêlés à 1,700 kilos d'eau à 10°,
je fais le vide dans les deux chaudières par le moyen du
condenseur P, et j'aspire de la cuve C 350 kilos de malt en
pâte, mêlés à 850 kilos d'eau, *dans le dextrineur* D, et 350 kilos
dans le saccharificateur E; les niveaux sont facilement réglés à
l'aide des lunettes. Puis je fais arriver dans chacun 700 kilos
d'eau, dont la température ne doit pas dépasser 75°, et qui
portent la température de la masse à 35°. Il s'agit maintenant
de chauffer rapidement à 75° les 1,900 kilos contenus dans
chaque chaudière. J'y arrive facilement avec de la *vapeur
détendue,* dont la température maxima de 75° ne peut pas
brûler le brassin.

Le vaporisateur J étant mis en communication avec les deux
chaudières, c'est-à-dire avec le vide, j'y fais arriver du récupérateur T de l'eau propre à 100°, qui, sous l'influence d'un
vide suffisant, se réduit aussitôt en vapeur dont la température
ne dépasse pas 75°. Cette vapeur, aspirée dans les chaudières,
s'y condense *par barbotage,* abandonne ainsi toute sa *chaleur
totale, qui est de 630 calories par kilogramme,* et produit un
chauffage rapide.

Pour chauffer la masse des deux chaudières en une demi-
heure, il me faut 300 kilos de vapeur, qui seront fournis par
6,600 litres d'eau à 100°; la pompe a donc à repomper
6,300 litres d'eau en une demi-heure. La température étant
ainsi amenée au degré le plus favorable, la diastase, *dont
aucune partie n'a pu être détruite,* exerce son action d'autant plus énergiquement que, *par suite d'un broyage fin et
homogène du malt,* elle attaque *à la fois* tous les grains d'ami-

don. Dès lors, un temps très-court suffira pour la transformation de l'amidon en dextrine. Mais ensuite, pendant que la diastase continuera son action dans le saccharificateur pour transformer la dextrine en sucre, il importe d'entraver cette même action dans le dextrineur, *afin de fixer la dextrine formée.* Il faut donc, après avoir supprimé le vide, chauffer vivement la masse à 100° *au moins.* En manœuvrant convenablement les deux registres des carneaux *e, f,* je fais alors passer autour de la chaudière la flamme du foyer voisin; et, pour être plus sûr d'avoir tué la diastase, pour abréger aussi l'opération, je porte la température de la masse au-dessus de 100°, en fermant la portière de la chaudière et en continuant de chauffer sous une pression qui peut être réglée comme on veut. Je réunis ensuite les deux trempes, par l'action du vide, dans la chaudière E, où le mélange prendra une température égale ou supérieure à 85°, suivant celle que la masse avait dans le dextrineur. *Les proportions de dextrine et de sucre que je veux obtenir dans le moût sont donc assurées d'une façon fixe et invariable.*

J'ai fait, au commencement de cette description, une réserve pour les partisans du chauffage à la vapeur. Le dextrineur D, au lieu d'être plongé dans la flamme, aurait alors un double fond chauffé par la vapeur du générateur.

Comme on le voit, ce procédé se distingue par la simplicité des appareils, par la régularité, la facilité et la grande rapidité des opérations et du chauffage, par l'ordre méthodique de toutes les phases du brassage; le brasseur est absolument *maître de son brassin,* car il peut faire varier les températures des trempes depuis 60° jusqu'à 150°, tandis que, dans les appareils ouverts, il ne peut pas dépasser 100°.

Le brassage étant ainsi terminé *en moins d'une heure et demie,* il faut vider rapidement les deux chaudières et les rincer pour les préparer à l'opération suivante. La masse est alors aspirée, toujours par le vide, dans le récipient supérieur G.

Comme mon but est constamment de supprimer toutes les pertes de temps inutiles et nuisibles, je remplace la filtration naturelle par une *filtration forcée, à l'abri du contact de l'air,* dans *des filtres-presses,* analogues à ceux des sucreries, mais *de construction spéciale.* Pendant toute la durée de la filtration, la masse est maintenue homogène dans le récipient G par un agitateur.

Filtre-Presse.

Le filtre représenté planche VIII se compose d'une caisse en fonte, dont un côté s'ouvre à charnière et se ferme sur un joint en caoutchouc. 6 tuyaux sont venus de fonte avec elle, 2 en dessus, D, D', 1 de chaque côté, E, E', 2 au-dessous, C, C', et communiquent avec elle par des trous. Les 4 premiers tuyaux servent à l'arrivée de la trempe, les 2 derniers à la sortie du jus clair. La surface filtrante se compose de cadres verticaux, A, A', formés par 2 tôles galvanisées, trouées et espacées de 1 centimètre. Chaque cadre porte une tubulure inférieure en bronze, qui est posée de côté par rapport à l'axe et qui s'engage alternativement dans les trous de l'un ou de l'autre des tuyaux C, C', le joint étant fait par une rondelle en caoutchouc. Les cadres sont recouverts de sacs mobiles en étoffe filtrante, telle que flanelle, feutre, et bien noués sur les tubulures. Ils sont posés un à un sur les trous des tuyaux CC', de manière à alterner; c'est-à-dire que tous les cadres A correspondent au tuyau C, et tous les cadres A' au tuyau C'; leur

espacement est maintenu par de petites cales en bois. La porte
étant bien fermée, si l'on envoie la trempe par les tuyaux
DD'EE', la drèche restera dans la caisse et le jus clair s'écou-
lera à travers les toiles des cadres pour se rendre dans les
tuyaux CC'.

La trempe qui descend du récipient G est pressée dans le filtre
par une pompe rotative ou autre, P, fixée sur la caisse même. La
pression augmente de plus en plus à l'intérieur, et pour l'empêcher de dépasser une certaine limite, on a ménagé une
soupape de sûrété S qui s'ouvre alors et fait retourner le liquide
dans le tuyau G.

Le moût clair s'écoule dans une rigole F, par les tuyaux CC',
munis de robinets RR'. Ces robinets sont à 3 eaux et portent
chacun une tubulure supérieure sur laquelle est branché un
tuyau d'eau chaude H. Avant d'ouvrir le filtre il faut épuiser
les matières utiles retenues dans la drèche, c'est-à-dire *dé-
graisser* le filtre, autrement dit *donner les dernières trempes*.
Cette opération se fait très-simplement : après avoir arrêté la
pompe, on laisse le robinet R' ouvert dans la rigole F, et l'on
ouvre le robinet R dans le tuyau H. L'eau bouillante, venant
du récupérateur supérieur, s'introduit dans le filtre, traverse les
cadres A à l'inverse du jus, pour sortir par les cadres A' dans
le tuyau C'. Cela fait, on répète la même manœuvre pour les
cadres A', et la drèche se trouve alors complétement épuisée.
On n'a plus qu'à ouvrir la porte, à enlever les cadres l'un après
l'autre, et à jeter la drèche dans une fosse ou une trappe
située devant. La disposition générale comporte une *batterie
de 3 filtres* (H, H, H, sur la planche XI) *ou plus*, dont l'un
fonctionne en plein, l'autre se dégraisse, et le reste se vide.

Ces filtres ont le grand avantage de *permettre l'emploi de
malt moulu fin*, auquel on peut alors ajouter d'autres féculents

en toutes proportions. La filtration s'y fait *rapidement* et *immédiatement*, plus limpide qu'avec le système de la drèche ordinaire. La filtration et le dégraissage se font *à l'abri du contact de l'air*, condition essentielle pour la qualité du moût.

Le moût filtré se rend ensuite aux chaudières à houblonner.

Appareil à cuire le moût dans le vide et à houblonner sous pressions variables.

L'ensemble est représenté dans la planche IX. Nous y retrouvons à peu près les mêmes appareils que dans la planche VII : 1° deux chaudières identiques, I, I', de 40 hectolitres, cylindriques, horizontales, closes et munies chacune d'un double serpentin intérieur, d'un agitateur (qui n'est pas figuré sur la planche), d'un trou-d'homme, T, de lunettes, *o*, d'un dôme, S, et d'un robinet de rentrée d'air, *u ;* 2° un *condenseur* à eau, Q, communiquant, d'une part, avec les deux chaudières, et de l'autre, avec la pompe à air, X' (planche XI) ; 3° un *vaporisateur*, J, dans lequel on fait arriver de l'eau à 110° du *récupérateur à eau ordinaire*, R (planche XI) ; il communique avec les serpentins des deux chaudières, et une pompe, *q*, refoule l'eau non vaporisée dans le récupérateur.

Comme la cuisson du moût dure de 3 à 4 heures, que le brassage antérieur est terminé en moins de 2 heures, et que je veux marcher sans interruption, il me faut donc 2 chaudières qui fonctionnent l'une après l'autre. Les doubles serpentins communiquent avec le vaporisateur J, par les tuyaux *c*, *c'*, et, en outre, avec un tuyau de vapeur, *v*, venant des générateurs. Les deux serpentins se réunissent, à l'intérieur, en un seul tuyau qui se branche, au dehors, sur un tuyau commun de sortie, *e, e'*. Des robinets assurent les communications que l'on veut établir pendant l'opération.

Le vide étant fait dans la chaudière I', par exemple, j'aspire par le tuyau *a* (*t*, sur la planche XI) le moût filtré qui s'écoule des filtres. Lorsque le moût tout entier est dans la chaudière, il y a trois buts à remplir : 1° concentrer par évaporation le liquide à la densité recherchée; 2° coaguler par l'ébullition et le tannin du houblon toutes les matières albumineuses coagulables; 3° infuser et conserver dans le moût les principes amer et aromatique du houblon. Selon moi, *la première opération doit être essentiellement distincte des deux autres.* Il me semble, en effet, peu rationnel et peu économique de produire et de continuer l'évaporation dès que l'on a mis du houblon dans le moût. C'est perdre gratuitement une portion de cette substance, *qui est si chère*, et dont l'arome si volatil se dégage avec les vapeurs; son tannin seul est utilisé.

J'opère donc, *avant tout*, la concentration du moût; et, pour la rendre plus rapide, je l'opère dans le vide, à une température inférieure à 100°, en condensant les vapeurs formées. La chaudière étant bien fermée, je la mets en communication avec le condenseur Q et la pompe à air X'. Je produis le chauffage, comme dans les chaudières à brasser, *par de la vapeur détendue.* Dans le récupérateur R, j'ai, sous pression, de l'eau à 110°, que je fais arriver dans le vaporisateur J; la pompe *q* faisant un vide suffisant, cette eau se transforme immédiatement en vapeur à 75° qui va se condenser dans le double serpentin de la chaudière I'. L'eau en excès de vaporisation et la vapeur condensée sont reprises par la pompe *q*, et renvoyées, par le tuyau *h*, dans le récupérateur S, voisin du récupérateur R (planche XI).

Je ferai remarquer ici que, plus tard, ne soumettant pas le

moût au refroidissement par évaporation sur des bacs, je dois faire évaporer dans la chaudière une quantité d'eau équivalente. C'est donc environ 10 hectolitres, au lieu de 8, que le moût doit perdre. — Quoi qu'il en soit, sous l'influence combinée du vide et de la chaleur, la concentration est bientôt terminée, et alors commence l'opération de la clarification du moût et du houblonnage.

Comme conséquence de ce que j'ai dit plus haut, *pour ne perdre aucun des principes utiles du houblon*, je fais cette opération, non pas à l'air libre, mais en *vase clos*. La coagulation des matières albumineuses exigeant une température de 100° au moins, je ne puis plus employer le chauffage par vapeur détendue; il me faut de la vapeur prise sur les générateurs à 4 ou 5 atmosphères. Je ferme donc les robinets du vaporisateur et du vide, et j'ouvre celui du tuyau de vapeur directe, *v*. La température monte progressivement jusqu'à 100°, et le liquide entre bientôt en ébullition à la pression atmosphérique. Comme la cuisson va s'opérer à l'abri de l'air, je puis alors verser la quantité nécessaire de houblon en une seule fois par le trou-d'homme, et refermer celui-ci immédiatement. Aussi bien, rien n'empêcherait de le verser en plusieurs fois; mais cela n'est plus nécessaire dans ce procédé, et je n'y vois aucun motif.

La tension des vapeurs formées tend à augmenter dans la chaudière qui est fermée; et, si rien n'empêche, je peux la laisser monter *jusqu'à telle pression que je veux*. Je peux aussi la maintenir, quoiqu'en vase clos, à la pression ordinaire et à la température de 100°; par conséquent, je n'ai qu'à condenser les vapeurs au fur et à mesure de leur formation. Dans ce but, le dôme S est muni, à l'intérieur, d'un petit serpentin, où je fais circuler de l'eau froide venant du réservoir par le tuyau *m*. Les vapeurs qui, sans cela, emporteraient avec elles l'huile essentielle du houblon, sont ainsi condensées, et retombent liquides dans le moût, *au profit du brasseur*.

Au bout du temps nécessaire, 3 à 4 heures, la clarification du moût est terminée, *sans que le houblon ait perdu aucun de ses principes précieux*.

Après cette opération importante vient celle non moins importante du *refroidissement*. Pendant celui-ci, et surtout entre les températures de 50° à 35°, le moût court un grand danger, celui de l'*acidification* et de l'ensemencement de germes apportés par l'air; c'est un des moments les plus critiques auxquels il soit exposé, *principalement en été*. Toujours persévérant dans le but que je poursuis, je soustrais encore complétement le moût au contact de l'air, ou du moins de l'air impur; je ne lui permets le contact que d'*air parfaitement sain*. J'aspire donc, à l'aide du vide, par les tuyaux *d* et *e*, le moût dans un récipient supérieur, K (planches X et XI), après avoir ouvert le robinet d'air, *u*. Mais ce dernier robinet présente une disposition particulière, car il ne doit laisser passer que de l'air bien pur : il est donc surmonté d'un *vase filtreur*, rempli de coton mouillé et étendu sur 4 petits plateaux en tôle perforée. L'air, en traversant ce matelas humide, y dépose les poussières nuisibles, les ferments malsains et en sort parfaitement filtré et purifié.

<hr>

Appareil à refroidir le moût après la chaudière avec filtration intermédiaire et à l'abri du contact de l'air.

L'appareil représenté planche X comprend : 1° un récipient cylindrique horizontal, K, muni d'un dôme trou-d'homme, T, et d'un *robinet filtreur*, *u*, et entouré d'une bâche, W, remplie

d'eau ; 2° un refroidisseur tubulaire, L ; 3° deux filtres, M, M ;
4° un deuxième refroidisseur tubulaire, N, plus petit que le
précédent ; enfin, 5° une bâche, O, remplie d'eau glacée. Les
filtres, M, M, semblables, quant au principe, à ceux qui ont
servi à filtrer les trempes, sont un peu différents quant à la
construction : ils sont plus petits, et s'ouvrent par en haut à
l'aide d'un couvercle ; enfin, ils n'ont que deux tuyaux latéraux
d'arrivée, et qu'un tuyau de sortie en dessous. Ils portent
chacun une pompe rotative, r, qui refoule le liquide dans les
deux tuyaux latéraux. Le vide se fait dans le récipient K, par
le tuyau d, et le moût arrive par le tuyau x.

Le trajet que le moût doit suivre en se refroidissant est le
suivant : il s'écoule de la partie inférieure du récipient par le
tuyau f, muni d'un robinet, dans la partie supérieure du refroidisseur L, descend dans le faisceau tubulaire, remonte par
le tuyau a, rencontre le robinet b, à 3 eaux, qui le distribue à
droite ou à gauche, et, pressé par la pompe, traverse le filtre
en y laissant les *dépôts* qu'il a formés ; ainsi clarifié, il descend
dans le dernier refroidisseur N, et s'écoule enfin dans les caves
de fermentation.

L'eau refroidissante suit un chemin inverse : le refroidisseur
N est alimenté par de l'eau glacée qu'une pompe, s, puise
dans la bâche O, où l'on fait fondre de la glace, et qui, après
s'être élevée dans le refroidisseur, retourne dans la bâche O,
pour fondre la glace. Le refroidisseur L reçoit de l'eau froide
ordinaire, à 15° par exemple, qui vient des réservoirs par
le tuyau z', s'élève dans le refroidisseur et se rend ensuite par
le tuyau z'' dans la bâche W, d'où elle s'écoule en z'''.

La question du refroidissement du moût, malgré son importance capitale, n'a pas encore reçu de solution définitive. C'est
que nous sommes en présence d'un phénomène complexe : le

5

moût, en se refroidissant, laisse déposer diverses substances qu'il tenait en dissolution ou en suspension, les substances albumineuses coagulées par la cuisson et les combinaisons insolubles que le tannin du houblon a formées. Quel est le rôle de l'air dans ce phénomène? Les uns veulent le supprimer, les autres soutiennent qu'il est nécessaire. Quoi qu'il en soit, une opinion généralement admise est qu'il faut opérer *lentement* le refroidissement, du moins *depuis* 100° *jusqu'à* 50°, température à laquelle le moût abandonne ses dépôts, mais qu'il faut le mener vivement ensuite de 50° à 5°, pour franchir rapidement les températures de 40° à 30°, qui sont les plus favorables à l'acidification et les plus funestes au brassin. Je veux bien admettre, *pour le moment*, que la lenteur, et même la présence de l'air soient nécessaires, mais alors je ferai mon possible pour ne laisser passer que de l'air pur et sain.

J'opère donc le premier refroidissement du moût dans le récipient K, à l'aide de l'eau qui circule dans la bâche W, et en laissant rentrer de l'air filtré par le robinet filtreur *u*, qui est tout à fait semblable aux robinets des chaudières à cuire.

Quand le moût est refroidi à 50° et qu'il a formé son dépôt, on ouvre le robinet du tuyau *f*, et il s'écoule dans le refroidisseur L, contre un courant d'eau réglé, qui entre à 15° et s'échappe à 45°; il sort donc à 15°, et ce refroidissement le dépouille entièrement de toutes les matières précipitables, que l'on peut alors arrêter par filtration. A l'aide du robinet *d*, on envoie le moût dans l'une des pompes, *r*, qui le refoule dans le filtre correspondant, M, qui retient les dépôts. Lorsque le filtre est rempli, on fait circuler le moût dans l'autre, et l'on ôte le couvercle pour enlever les dépôts et nettoyer le filtre.

Le moût clarifié se rend dans le deuxième refroidisseur, N, où circule de l'eau glacée qui entre à 0° et sort à 10°; il est ainsi refroidi à 4° ou 5° et descend directement dans les caves, pour être entonné et mis en fermentation.

Comme on le voit, depuis le moment où le malt s'est engagé dans le broyeur, j'ai tenu soigneusement le brassin à l'abri du contact de l'air, et dans les cas où je ne pouvais l'éviter, je n'ai laissé passer que de l'air parfaitement sain.

M. Pasteur ne commence qu'à la fin du brassage ; il applique son remède un peu trop tard. Je prends le brassin à sa naissance, j'attaque le mal à sa racine, et je suis intimement convaincu que mes moûts se comporteront bien à la fermentation et aux caves sans exiger des températures trop basses, ni les prescriptions si sévères de M. Pasteur.

Récupérateurs de chaleur.

Dans les pages précédentes, j'ai souvent parlé de *récupérateurs* de chaleur. Je vais maintenant en donner une description et une explication complètes.

Et d'abord mes lecteurs ont pu remarquer que j'avais deux systèmes de récupérateurs, dont les destinations sont différentes, l'un *à eau propre*, l'autre *à eau ordinaire*. — Le premier, comme on se rappelle, fournit non-seulement l'eau chaude nécessaire aux besoins du brassage, mais encore la vapeur du *vaporisateur* F, qui produit le chauffage des trempes *par barbotage* au sein du liquide. Le deuxième fournit la vapeur du *vaporisateur* J, qui sert à concentrer le moût filtré dans les chaudières I et I', *par l'intermédiaire des serpentins intérieurs.* — D'où viennent ces deux eaux, dont on comprend bien les applications différentes ? Comment les obtenir ? — Il est nécessaire, avant tout, d'entrer dans quelques détails.

L'eau, renfermée dans un récipient en tôle de fer et chauffée à 100° par la flamme d'un foyer quelconque, ne constitue pas ce que j'appelle l'*eau propre* : la température élevée des parois, la transmission rapide du calorique, et d'autres causes peut-être, modifient la nature de l'eau, de telle sorte que je ne voudrais pas l'employer directement à l'état d'eau ou de vapeur.

Au contraire, l'eau chauffée à 100° par la vapeur, à l'aide d'un serpentin, conserve la *propreté*, la *douceur*, qui permettent de l'employer directement par mélange, à l'état d'eau, ou par barbotage à l'état de vapeur.

Après ces préliminaires, revenons à nos appareils, et commençons par le *récupérateur à eau propre*. Il est figuré en T sur la planche XI. Comme on le voit, il a la forme d'une chaudière munie d'un bouilleur. — Ce bouilleur est garni d'un serpentin intérieur, qui est chauffé par la vapeur d'échappement de la machine, et dont la surface de chauffe est calculée. La vapeur d'échappement de la machine se rend dans une colonne verticale, Z, soigneusement enveloppée, qui est fermée par en bas, et qui porte deux soupapes, m et n, la première équilibrant $\frac{1}{10}$ d'atmosphère, et la seconde $\frac{1}{5}$. Cette disposition produit une contre-pression équivalente dans la machine; mais elle a l'avantage de maintenir la température de la vapeur à 105°, et d'ailleurs la dépense est largement compensée par l'utilisation de toutes les chaleurs perdues. Au-dessous de la soupape n, la vapeur se rend, par le tuyau k, dans le serpentin du récupérateur. T, s'y condense et s'écoule par le tuyau l, dans une bâche, Y. — Le récupérateur T est entouré soigneusement de corps mauvais conducteurs de la chaleur, tels que paille, déchets de laine ou de coton, etc., pour éviter toute perte par refroidissement. L'eau chaude s'élève du bouilleur dans la chaudière supérieure, qui forme ainsi un immense magasin de chaleur disponible. — Les prises se font à la partie supérieure, et l'alimentation du réservoir U, à la partie inférieure, ainsi que l'eau en excès renvoyée du vaporisateur F, par la pompe *p*. — Lorsque l'eau est à 100°, la vapeur se condense peu dans le serpentin et ne tarde pas à lever la soupape *n*. — Mais elle est encore utilisée de la manière suivante : la planche XI montre deux réservoirs superposés, V, U; le premier est un réservoir général d'eau froide alimenté par les puits de l'usine; le second, qui alimente le récupérateur T, est garni d'un serpentin près du fond; il reçoit l'eau du réservoir supérieur et son niveau est maintenu constant par un flotteur qui règle l'arrivée d'eau; la vapeur, arrêtée par la soupape *m*, se rend par le tuyau *i* dans le serpentin, s'y condense et descend par le tuyau *j* dans la bâche Y. — Ce n'est que lorsqu'elle ne se condenserait plus assez qu'elle soulèverait la soupape *m*, et s'échapperait dans l'atmosphère; mais le cas serait rare, car la température de l'eau, dans le réservoir U, ne dépassera guère 35°.

Passons maintenant au calcul du chauffage. — La machine motrice, qui fait mouvoir les pompes à air, les agitateurs, le broyeur, les laveurs, les diverses pompes rotatives et autres, etc., doit avoir une force de 16 chevaux. Elle fournit donc, par heure, 400 kilos de vapeur, qui, maintenus à 105° dans la colonne Z, peuvent céder, à raison de 540 calories par kilo, un total de 216,000 calories, soit en 2 heures 432,000. Or le récupérateur fournit dans le même temps : 1° 6,300 kilos d'eau abaissés de 100° à 75° dans le vaporisateur F; 2° 300 kilos d'eau transformés en vapeur dans ce même vaporisateur; 3° 1,000 kilos d'eau, mêlés à 400 kilos d'eau à 15°, pour donner 1,400 kilos d'eau à 75° dans le dextrineur et le saccharificateur; 4° 600 kilos d'eau pour le dégraissage des filtres.

Ces 3 dernières quantités sont complétement perdues. J'ai donc à produire :

$$6,300 \text{ kilos de } 75° \text{ à } 100° = 157,500 \text{ calories.}$$
$$1,900 \text{ kilos de } 15° \text{ à } 100° = 161,500 \quad —$$
$$\overline{8,200 \text{ kilos} \qquad\qquad 319,000 \quad . \; —}$$

La vapeur d'échappement, qui possède 432,000 calories, a donc un excédant de 113,000 calories, que je n'estimerai qu'à 100,000 pour tenir compte des pertes et refroidissements.

Pour assurer la récupération, il me faut une surface de chauffe de 10 mètres carrés au plus, et une *masse récupératrice* d'au moins 8,200 litres, soit de 10 à 12 mètres cubes.

L'excédant de 100,000 calories est employé au chauffage préparatoire du réservoir U. — Cette chaleur est encore capable de chauffer 5,000 kilos d'eau froide, de 15° à 35°, avec une surface de chauffe de 2 mètres carrés seulement. Or, je viens d'admettre que je réchauffais 1,900 kilos d'eau, de 15° à 100°. Si je les prends à 35°, c'est un bénéfice de 38,000 calories qui peut me servir ailleurs.

On voit donc que, dans les circonstances ordinaires, la colonne Z ne laissera échapper aucun atome de vapeur, et que le calorique de celle-ci est entièrement utilisé; car l'eau de condensation servira à l'alimentation des générateurs.

Je passe maintenant au *récupérateur à eau ordinaire*, R, qui alimente le vaporisateur J. Les générateurs qui doivent alimenter la machine et fournir aussi de la vapeur directe aux serpentins des chaudières à houblonner pendant la cuisson du moût, sont au nombre de deux, *a,b*, de 10 chevaux chacun, avec une grille d'un demi-mètre carré, soit un mètre carré pour les deux. — Le récupérateur a pour but d'utiliser la chaleur perdue des deux foyers jusqu'à la dernière limite, c'est-à-dire jusqu'à la température indispensable au tirage naturel de la cheminée.

Quelle est donc la récupération possible? Il est facile de la calculer. — Les deux grilles réunies peuvent brûler, par heure, 85 kilos de houille. On admet généralement, pour brûler un kilogramme de houille, un volume d'air double de celui qui est nécessaire à la combustion; le volume des produits de la combustion est alors 17,28 mètres cubes, et, en poids, 18 kilos; ce qui donne, pour 85 kilos de houille, 1,530 kilos de gaz. — Sans nuire au tirage naturel, avec une cheminée suffisante, on peut abaisser la température des gaz à 150°. Partant de cette donnée, quelle est la chaleur à récupérer? Les gaz emportent dans la cheminée $1{,}530 \times 150 \times 0{,}25 = 57{,}375$ calories. D'un autre côté, les 500 kilos de vapeur produits absorbent $500 \times 650 = 325{,}000$ calories. Total : 382,375 calories. Or, les 85 kilos de houille fournissent, par leur combustion $85 \times 7{,}500 = 637{,}500$ calories. Je puis donc récupérer la différence, soit 255,125 calories, en emmagasinant la chaleur dans un grand volume d'eau.

La disposition est indiquée planche XI. Le récupérateur R, semblable au récupérateur T, se compose d'un bouilleur et d'une chaudière munie d'un dôme. A côté de lui, se trouve une autre chaudière, S, que je pourrais appeler *préparateur*, et dont la forme contournée présente une grande surface de chauffe. L'eau arrive au fond de ce préparateur, venant du réservoir U par le tuyau *g*, à 35°; elle s'y réchauffe à 60°, et, partant alors de la partie supérieure, se rend au fond du bouilleur du récupérateur R. — Le tuyau d'arrivée *g* a une hauteur qui dépasse celle du réservoir U, de sorte que le niveau s'y établit et produit dans le récupérateur une charge d'eau d'environ 5 mètres, qui équivaut à une pression d'une demi-atmosphère, et qui permet, par conséquent, d'atteindre la température correspondante de 110° dans le récupérateur R. L'eau bouillante est prise à la partie supérieure de celui-ci, dans le dôme, et se rend dans le vaporisateur J des chaudières à houblonner. Dans celles-ci, nous avons à évaporer environ 800 kilos d'eau, qui emportent 510,000 calories toutes les deux heures. Je dois donc fournir à peu près 800 kilos de vapeur à 70°. — Or, l'eau qui arrive à 110° dans le vaporisateur, en sort à 70°, après avoir abandonné 40 calories par kilo. Il faut donc une *masse récupératrice* de $\frac{510,000}{40} = 13$ mètres cubes, qui emmagasinera la chaleur en deux heures.— Or, en deux heures, le foyer peut me céder $255,125 \times 2 = 510,250$ calories, juste ce qu'il faut pour le récupérateur. Mais, n'oublions pas que le récupérateur T a un excédant disponible de 38,000 calories, et qu'il peut le céder à l'autre. — Du reste, tous ces calculs sont larges dans les quantités d'eau à évaporer ou à concentrer.

Nous pouvons donc admettre que nous avons assez de chaleur, et que nous n'en perdons que ce qu'il est impossible de garder. Aussi bien, rien n'empêcherait encore d'augmenter la quantité de combustible; car on peut brûler jusqu'à 100 kilos de houille par mètre carré de grille.

Il me reste à calculer la *surface de chauffe* du récupérateur RS. La température des gaz, au sortir des générateurs, m'est donnée par la formule :

$$637,500 - 325,000 = 312,500 = 1,530 \times 0,25 \times T;$$

d'où $T = 817°$, soit 800°. Or, de 800° à 150°, la transmission moyenne par mètre carré est de 15,000 calories dans une chaudière à vapeur, et, comme il y a 255,125 calories à récupérer, la surface de chauffe doit être égale à 17, soit 20 *mètres carrés*.

Les deux récupérateurs sont, comme le récupérateur T, soigneusement entourés de corps mauvais conducteurs. Quant à la circulation de la flamme, elle est double pour chacun d'eux; et les gaz, après avoir cédé toute la chaleur qu'on pouvait leur prendre, s'échappent ensuite dans la cheminée.

Disposition générale.

Afin de présenter aux yeux (planche XI) une disposition plus claire et plus compréhensible, les appareils sont tous rangés à peu près sur une même ligne, et suivant l'ordre des diverses opérations. — Tous les appareils ayant été passés en revue l'un après l'autre, je n'ai pas besoin de m'étendre davantage sur l'ensemble.

J'insiste seulement sur la question du chauffage et de la récupération. Comme on le voit, le chauffage est unique, concentré sur un seul point, *emmagasiné:* c'est une *source de chaleur* qui ne tarit jamais et à laquelle on peut toujours puiser d'une manière commode et rapide. Un seul chauffeur et un seul foyer suffisent pour l'alimenter; les garçons brasseurs ne sont plus astreints à la corvée du feu, ils ont la chaleur sous la main et, en tournant un robinet, ils la distribuent immédiatement où elle est nécessaire. — La dépense de combustible est réduite à son minimum, car la récupération est poussée jusqu'à son maximum. Les générateurs retrouvent dans la bâche Z l'eau chaude qu'ils ont prêtée et qui sert à leur alimentation.

Il est facile de faire le calcul de l'économie considérable qui résulte de ce système, en comparaison du système actuel.

Supposons qu'il s'agisse, dans les deux cas, d'une fabrication courante de 300 hectolitres en 24 heures. Dans le procédé que j'ai développé, on les obtiendra par 12 brassins de 25 hectolitres; dans l'autre système, par 3 brassins de 100 hectolitres.

Nous avons vu que mon procédé ne dépense que 85 kilos de houille par heure, soit 2,040 *kilos en 24 heures*. Nous avons vu également que la chaleur produite par la combustion se décompose de la manière suivante :

Absorbée par les générateurs. . . .	325,000	calories.
— par les récupérateurs. . .	255,125	—
Emportée dans la cheminée	57,375	—
Total.	637,500	—

ce qui se traduit par les proportions suivantes :

Chaleur utilisée directement.	51 %		
— récupérée.	40 %	}	91 %
— perdue			9 %
Total.			100

Passons au système actuel. J'estime qu'il faudrait une machine de 15 chevaux pour faire mouvoir les agitateurs, les pompes, etc. La consommation de houille sera, par conséquent, de 63,75 kilos à l'heure, soit 1,530 *kilos* en 24 heures [1].

Nous avons, en outre, les différentes phases du chauffage de chaque brassin, exposées dans la description de la planche V, et qui peuvent se résumer en trois :

1° Chauffer 120 hectolitres de trempes de 10° à 100°, soit . . . . 1,080,000 calories.

2° Chauffer, dans la chaudière à houblonner, 160 hectolitres de moût de 75° à 100°, soit . . . . 400,000 —

3° Évaporer, dans la même chaudière, 35 hectolitres d'eau, soit. . . . . 2,275,000 —

Cela donne un total de. . . . . 3,755,000 calories

---

1. Dans le cas d'une brasserie à trois brassins de 100 hectolitres chacun, il faudrait une autre machine de 15 chevaux au moins pour les besoins intermittents de l'établissement. Je ne tiens pas compte de ces dépenses dans les calculs ci-dessus

pour chaque brassin, et de 11,265,000 calories pour les trois brassins.

Il est facile de traduire ce résultat en kilogrammes de houille. — Nous venons de voir que 1 kilogramme de houille, dont la puissance calorifique est de 7,500 calories, n'en fournit que 51 p. 100 par le chauffage ordinaire. — Je sais que les brasseries bien montées possèdent des réchauffeurs d'eau qui utilisent une partie de la chaleur perdue; mais les alternatives de chauffage sous les chaudières à brasser et l'intermittence du travail diminuent considérablement le rendement du combustible. De plus, dans les nombres précédents, je n'ai pas tenu compte de l'évaporation qui se produit pendant le chauffage des trempes, ni du refroidissement que subissent ces trempes pendant leurs différents repos. Toutes ces causes me permettent de dire que le rendement du combustible ne dépasse guère 40 p. 100 dans les établissements les mieux montés et n'atteint pas 25 p. 100 dans le plus grand nombre, et que l'on n'utilise pas plus de 2,000 à 3,000 calories par kilogramme de houille. Les 11,265,000 calories trouvées ci-dessus exigent par suite une consommation de 4,000 *kilos* de houille. — Nous avons donc, dans ce système, une *consommation totale de* 5,500 *kilos* de houille en 24 heures.

Le nouveau procédé, par la récupération et l'emploi judicieux et méthodique de la chaleur, ne dépenserait que 2,000 kilos, et donnerait par conséquent une *économie de* 65 p. 100.

Après avoir employé et *réemployé*, comme je viens de l'indiquer, au profit des diverses opérations du brassage, presque tout le calorique développé par le combustible, la brasserie dispose encore d'une *quantité énorme d'eau chaude* qui provient des condenseurs et des réfrigérants. J'utilise cette eau pour sécher le malt dans les *touailles à eau chaude*, et au besoin pour SÉCHER LES DRÈCHES, opération qui, dans beaucoup de cas, serait très-avantageuse. — Alors l'économie de 65 p. 100 annoncée plus haut *pourrait certainement atteindre* 75 p. 100, si l'on faisait le calcul sur l'ensemble des opérations de la brasserie.

J'arrête ici, pour le moment, mes observations sur la brasserie. — La fermentation et la conservation des bières feront l'objet d'observations ultérieures, et je m'estimerai très-heureux si je parviens à attirer l'attention et la discussion sur les questions que je viens de soulever.

Cependant, avant de terminer, je veux donner la description détaillée d'un petit appareil qui a déjà fait ses preuves pratiques et qui doit rendre de très-grands services à la brasserie: c'est le dégoudronneur de futailles que j'ai fait établir à Maxéville, il y a plus de six mois.

Dégoudronneur à air chaud.

Dans la plupart des brasseries, l'opération du goudronnage des futailles, qui assure l'étanchéité des fûts et surtout la *conservation de la bière,* se fait encore par défonçage et par flambage. Tous les brasseurs savent combien ce procédé est désastreux pour la futaille et coûteux en poix; et de plus, outre qu'il exige une main-d'œuvre nombreuse et expérimentée, il n'est pas sans danger. Je ne crains pas de dire qu'à peine 25 p. 100 des fûts sortent de ce traitement sans détériorations plus ou moins grandes. Voilà donc un matériel énorme à entretenir et à renouveler, pendant que le prix du bois va chaque jour en augmentant. Or, le goudronnage est utile, je dirai plus, *indispensable.* Sans parler .du système de pression généralement répandu dans les débits, qui exige des fûts étanches, le goudronnage est nécessaire à deux points de vue, chimique et économique. Les fûts qui reviennent de la consommation après un temps plus ou moins long, renferment toujours de la bière aigrie, décomposée, des matières putrides, des *ferments malsains* qu'il faut *supprimer à tout prix* avant de les remplir de nouvelles bières. Un lavage à l'eau froide ou chaude et même un échaudage à la vapeur suffisent rarement. Il faut alors tuer, brûler ces germes aussi résistants que pernicieux. C'est pour cela que les fûts sont visités à leur retour, et que les plus malades sont soumis à l'épreuve du feu. Les autres sont simplement lavés et rincés à l'eau. Mais combien, parmi ces derniers, retiennent encore sur leurs parois des éléments fermentescibles qui, échappant à la vue et à l'odorat, exerceront plus tard leur action nuisible sur la bière d'expédition ! S'ils retournent ainsi dans la circulation, tous les brasseurs connaissent les plaintes qui surgissent alors : la bière est trouble ! les fûts perdent leur pression ! Autant de bière à reprendre et à passer au débit du compte : Profits et pertes. Et ce sont les fûts repartis sans être regoudronnés qui sont cause de tout le mal.

Pourquoi cependant persévère-t-on dans la même routine, dans les mêmes errements? Par cette raison que l'industrie n'a pas encore présenté un appareil qui puisse dégoudronner les fûts sans défonçage, *d'une manière simple, rapide et économique.*

On a bien imaginé divers systèmes; mais tous les dégoudronneurs construits jusqu'à ce jour ne remplissent *qu'imparfaitement* les trois conditions essentielles.

Ces appareils, qui consistent à envoyer un gaz très-chaud par le trou de bonde, peuvent être compris dans deux systèmes.

Le premier est basé sur l'emploi des ventilateurs qui lancent de l'air à travers un fourneau à coke, et, de là, dans les fûts. Ces appareils ont beaucoup d'inconvénients :

1° Ils ont un rendement très-faible;

2° Ils donnent une très-petite pression d'air, et par conséquent une faible vitesse, qui rend l'opération longue et pénible;

3° Ils nécessitent l'établissement d'une transmission, ou sinon d'une conduite d'air à une distance plus ou moins grande qui diminue encore par les frottements la vitesse de l'air.

Le deuxième système, basé sur l'emploi de la vapeur d'eau surchauffée, aurait pour lui la rapidité du travail résultant de la grande vitesse de la vapeur qui entre dans le fût, s'il n'était beaucoup trop coûteux. La dépense de vapeur est, en effet, très-considérable, et pour la surchauffer aux 400 degrés nécessaires pour faire un bon travail, il faut dépenser beaucoup de combustible avec un appareil coûteux et dangereux.

Aucun des appareils imaginés jusqu'à ce jour *ne remplit le but demandé,* et c'est ce qui explique l'inertie qui s'oppose à leur propagation.

Le dégoudronneur de mon invention, qui est représenté dans la *planche XII,* et qui fonctionne depuis six mois à Maxéville, *satisfait entièrement* aux conditions exigées : *simplicité, rapidité, économie.*

C'est un *petit appareil* qui n'a pas plus de 0ᵐ,90 de hauteur et 0ᵐ,55 de diamètre. Il est basé sur l'*injection forcée d'un courant d'air très-chaud* dans l'intérieur des fûts. L'entraînement de l'air chaud se fait au moyen d'un petit jet de vapeur d'un millimètre et demi.

L'appareil comprend un foyer à coke, A, en terre réfractaire, de 0ᵐ,35 de diamètre et de 0ᵐ,60 de hauteur, porté sur 4 pieds et entouré d'une enveloppe en tôle mince pour empêcher toute rentrée d'air froid. Ce foyer, qui peut contenir une charge de 15 kilos de coke, est fermé en dessus par un couvercle, B, qui repose dans une gorge circulaire remplie de sable fin faisant joint; le couvercle forme une cuvette que l'on remplit de sable ou de cendres pour empêcher le refroidissement. Un tuyau, CC, prenant à la partie supérieure du foyer, débouche dans une boîte latérale, en fonte, D, d'où partent 3 tuyaux, E,E',F. La boîte D porte un trou, P, fermé par un tampon à vis et qui sert à ôter les poussières entraînées. Les tuyaux E,E' servent au dégoudronnage des *petits fûts* et fonctionnent ensemble; le tuyau F, plus gros, est réservé aux *grands foudres* et doit fonctionner seul pour la commodité du service. La boîte D est surmontée d'une autre boîte, LL, venue de fonte avec elle et qui entoure par conséquent le tuyau C; c'est la boîte de vapeur; elle est munie d'un robinet purgeur, *p*. La vapeur du générateur y arrive par le tuyau *a*, et peut s'échapper par 3 petits tuyaux, *e,e',f*, munis de robinets qui se distribuent à 3 injecteurs, I,I',J, bien centrés dans l'axe des tuyaux E,E',F. Les deux premiers ont un millimètre et demi, le dernier, 2 millimètres et demi de diamètre.

Les tuyaux E,E',F se prolongent par des tuyaux, G,G',H, qui sont coudés et terminés par des cônes en bronze, M,M',N, munis d'orifices. *Ce sont eux qui pénètrent dans l'intérieur des fûts.*

La marche de l'appareil est des plus simples : On allume dans le foyer, du coke ou du charbon de bois, combustibles qui ne donnent pas de fumée sensible; puis, après avoir mis la charge entière et reposé le couvercle, on lâche la vapeur dans les injecteurs; à l'instant il se produit un *tirage énergique* tel, que la vitesse de sortie est de 20 à 30 mètres par seconde. Les gaz de la combustion, entraînés par le jet de vapeur, traversent la boîte à fumée où ils déposent les poussières, et sont lancés avec force dans les fûts posés sur les cônes. La vapeur, soumise dans la boîte L à la température élevée du tuyau C et de la boîte D, se désature rapidement; mais surtout, noyée dans le volume d'air considérable qui sort du foyer, elle *se dessèche et se surchauffe entièrement;* son calorique est utilisé, comme sa force vive; elle agit à la fois *comme moteur et comme chauffeur.* Il n'en résulte aucune perte de chaleur.

Le courant d'air chaud est donc complétement sec, et sa température, à la sortie, est supérieure à 350°, car une baguette de plomb est fondue rapidement sur le tuyau comme sur le jet. Cette chaleur considérable a bien vite raison de toutes ces moisissures et de tous ces mauvais ferments si préjudiciables; ils sont brûlés en un clin d'œil. La vapeur qui s'échappe avec force par le trou de bouchon, emporte d'abord avec elle une odeur caractéristique de moisi, à laquelle succèdent bientôt une odeur aromatique et une couleur bleuâtre. C'est la couche superficielle du goudron qui commence à fondre et à distiller. Quand il en coule par le trou de bonde, l'opération est terminée; on retire le fût, on y verse du goudron fondu, on l'agite quelques instants et l'on recueille l'excès de goudron resté fluide. Cette quantité est presque aussi grande que celle que l'on a versée dans le fût, parce que la superficie seule de la couche intérieure à été brûlée. Aussi, la dépense en goudron neuf est-elle très-légère; l'économie réalisée est considérable.

La température élevée, jointe à la grande vitesse de l'air, rend *l'opération très-rapide :* un seul petit jet peut dégoudronner, par heure, 50 à 60 fûts assortis, avec une dépense de 5 à 6 kilos de coke, ce qui fait 100 à 120 fûts à l'heure par les deux petits jets; le gros jet pour foudres peut dégoudronner un foudre de 40 à 50 hectolitres en 15 minutes, soit, avec le temps de la manœuvre, 3 ou 4 grands foudres à l'heure avec une dépense de 10 kilos de coke. Quant à la consommation de vapeur, elle est très-faible; un injecteur pour fûts ne dépense pas plus de 7 kilos de vapeur à l'heure, soit à peine un quart de cheval; et l'injecteur pour foudres, pas plus de 15 kilos, soit un demi-cheval.

En résumé, ce petit appareil résout le problème d'une façon remarquablement simple. La Brasserie Viennoise, où il a pris naissance, et tous les brasseurs qui l'ont déjà employé, n'ont que des éloges à lui décerner pour la perfection de son travail, et pour l'économie considérable qui en résulte.

Voici les résultats d'expériences faites à Maxéville, pour connaître le prix de revient sur 100 fûts de 60 litres, en moyenne, dégoudronnés et regoudronnés en une heure :

$$
\begin{array}{ll}
\text{Poix de Saxe, 6}^k\text{90 à 48 fr. les 100}^k \ldots & 3^f31^c \\
\text{Coke, 10}^k \text{ à 49 fr. les 1000}^k \ldots & 0\ 49 \\
\text{Main-d'œuvre, 3 hommes} \ldots & 0\ 90 \\
\text{Houille, pour produire la vapeur} \ldots & 0\ 03 \\
\text{Bois, pour fondre la poix} \ldots & 0\ 02 \\
\hline
\text{Total} \ldots & 4^f75^c
\end{array}
$$

soit, même en comprenant l'amortissement de l'appareil, moins de 5 cent. par fût, ou moins de 8 cent. par hectolitre.

POST-SCRIPTUM

1° Depuis l'impression des premières feuilles de cette brochure, contenant la description de la *touraille à eau chaude, moitié à air libre, moitié dans le vide*, les études pratiques auxquelles nous nous sommes livré sur ce système de touraille nous ont donné les résultats suivants : 125 kilogrammes de malt vert contenaient 52 kilogrammes d'eau; exposés pendant 5 heures à un courant d'air à 40 degrés, ils ont perdu 26 kilogrammes d'eau.

Le reste, exposé dans le vide à la température de 50° pendant 15 minutes, a perdu 5 kilogr.; et les températures montant de 10° toutes les 15 minutes, depuis 50° jusqu'à 100°, le malt a été *complétement sec au bout de 1 heure et demie.* Comparé au malt obtenu par les autres tourailles, il réunissait, de l'avis des connaisseurs, à un plus haut degré toutes les qualités que l'on réclame d'un bon malt, et notamment il avait conservé une blancheur extraordinaire, des grains très-friables et sans glaçure aucune.

Je considère que le système de touraille, *basé sur l'emploi du vide et du chauffage par eau chaude,* est le seul *rationnel* et a tout l'avenir pour lui. Il est non-seulement *beaucoup plus économique,* puisqu'il emploie des chaleurs récupérées, mais il a surtout la garantie de la *régularité absolue des températures* qu'aucune touraille à air chaud de tous les systèmes ne donnera jamais.

2° Les *filtres* dont j'ai donné la description (planche VIII et planche X), sauf les dimensions qui doivent être modifiées et les étoffes filtrantes choisies plus serrées, reçoivent une *appli-*

cation très-importante dans le travail des entonneries et des caves, en traitant *à l'abri du contact de l'air* tous les dépôts provenant des fonds de cuves à fermenter et des foudres de garde ou de clarification. Car les bières, *surtout en été,* provenant des filtrations ordinaires, ne peuvent se mélanger avec les autres sans exposer celles-ci à une prompte altération.

Nancy, imprimerie Berger-Levrault et Cⁱᵉ.

APPENDICE

QUESTION DU FROID EN BRASSERIE

Malgré tout ce que pourra faire la science, la *question du froid* en brasserie sera toujours une question de premier ordre. Elle est résolue, à quelques exceptions près, pour les brasseries du Nord et de l'Est ; elle ne l'est pas pour les brasseries du Centre et du Sud. Celles-ci ne peuvent compter que sur le froid artificiel, et ce froid artificiel n'est pas encore réalisé dans des conditions de prix et de quantités telles que l'on puisse se baser sur elles. De tous côtés, de sérieux efforts se font et des appareils se construisent :

Les uns basés sur la chaleur latente de liquides donnant leurs vapeurs à basse température ;

Les autres sur la compression et la dilatation de l'air.

J'ai cru avoir raison en cherchant la solution du problème dans l'eau, qui ne coûte rien et dont la chaleur latente est la plus forte de tous les liquides. L'application de cette idée est connue et réalisée dans une certaine mesure depuis longtemps. Dans les essais que j'ai tentés sur une grande échelle et à grands frais, j'ai rencontré des difficultés qui ne détruisent nullement mes convictions, mais qui m'obligent à revenir sur mes pas dans certains points des applications.

Le manque de glace pendant l'été dernier avait précipité

mes décisions dans le but d'arriver à subvenir aux besoins de
l'usine de Maxéville. J'avais trop peu compté avec certaines
difficultés inhérentes à la conservation du vide. Mais comme
la brasserie de Maxéville a eu la bonne fortune, cette année,
de remplir toutes ses glacières, je ne serai plus préoccupé que
de la question même, et j'espère que, pour l'automne prochain,
j'aurai résolu le problème de la production du froid à bon
marché, par la *chaleur latente de l'eau,* que je considère comme
le seul liquide pouvant définitivement résoudre la question.

LAVEUR D'ORGE.

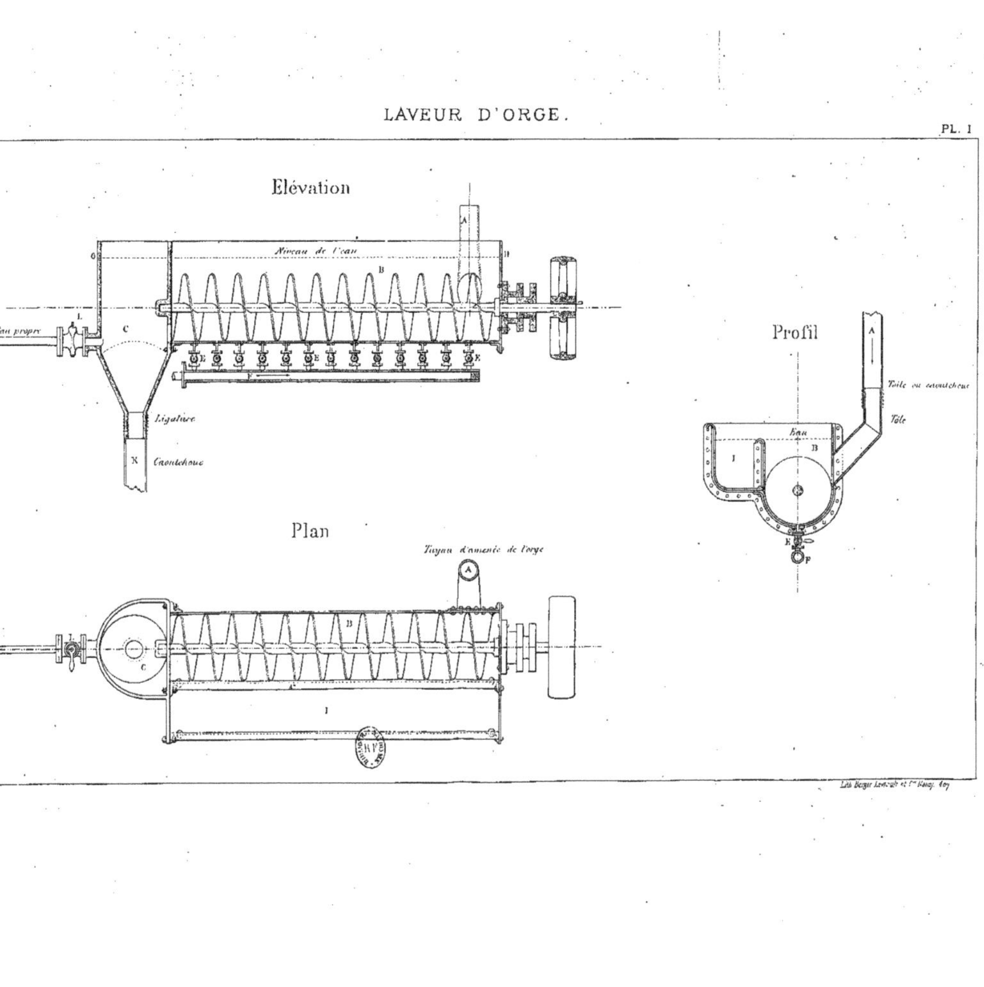

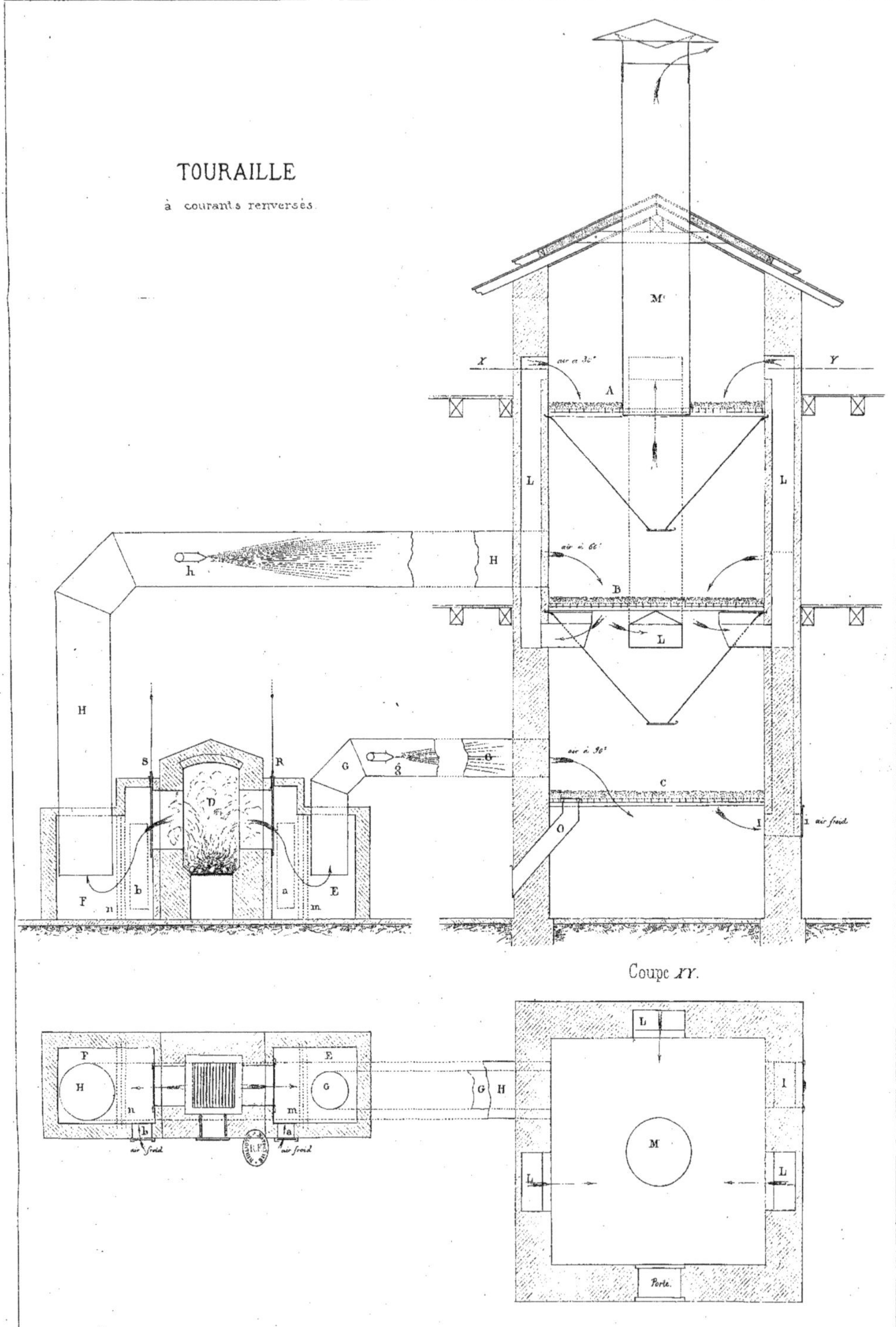
TOURAILLE
à courants renversés.
M'
air à 30°
A
Y
Y
L
L
air à 60°
H
B
L
h
H
S
R
G
air à 90°
C
D
O
I
air froid
F
b
n
a
E
G
g
m
Coupe YY.
L
F
E
H
n
m
G H
I
b
a
air froid
air froid
M
L
L
L
I
Porte.

Projet de touraille continue à plateaux calorifères avec circulation d'eau chaude.

Coupe verticale suivant AB.

Coupe suivant XY.

Neta ⟶ Courant d'air.
⟶ Courant d'eau.

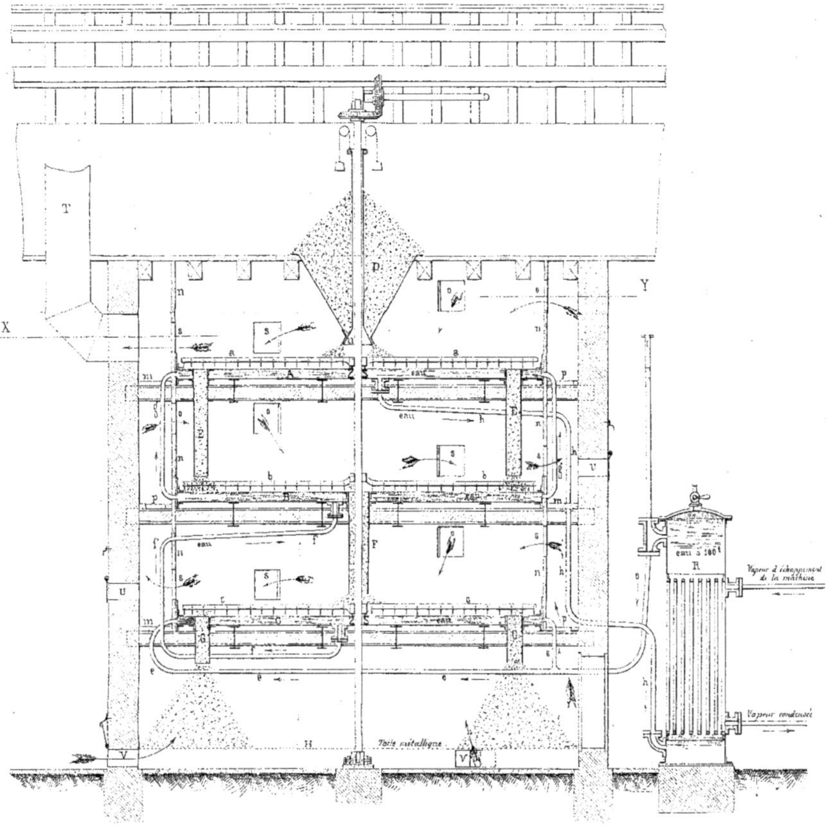

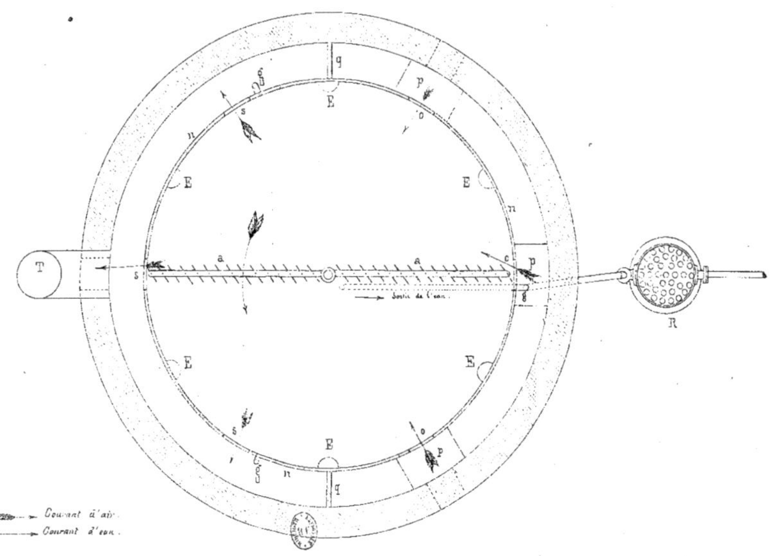

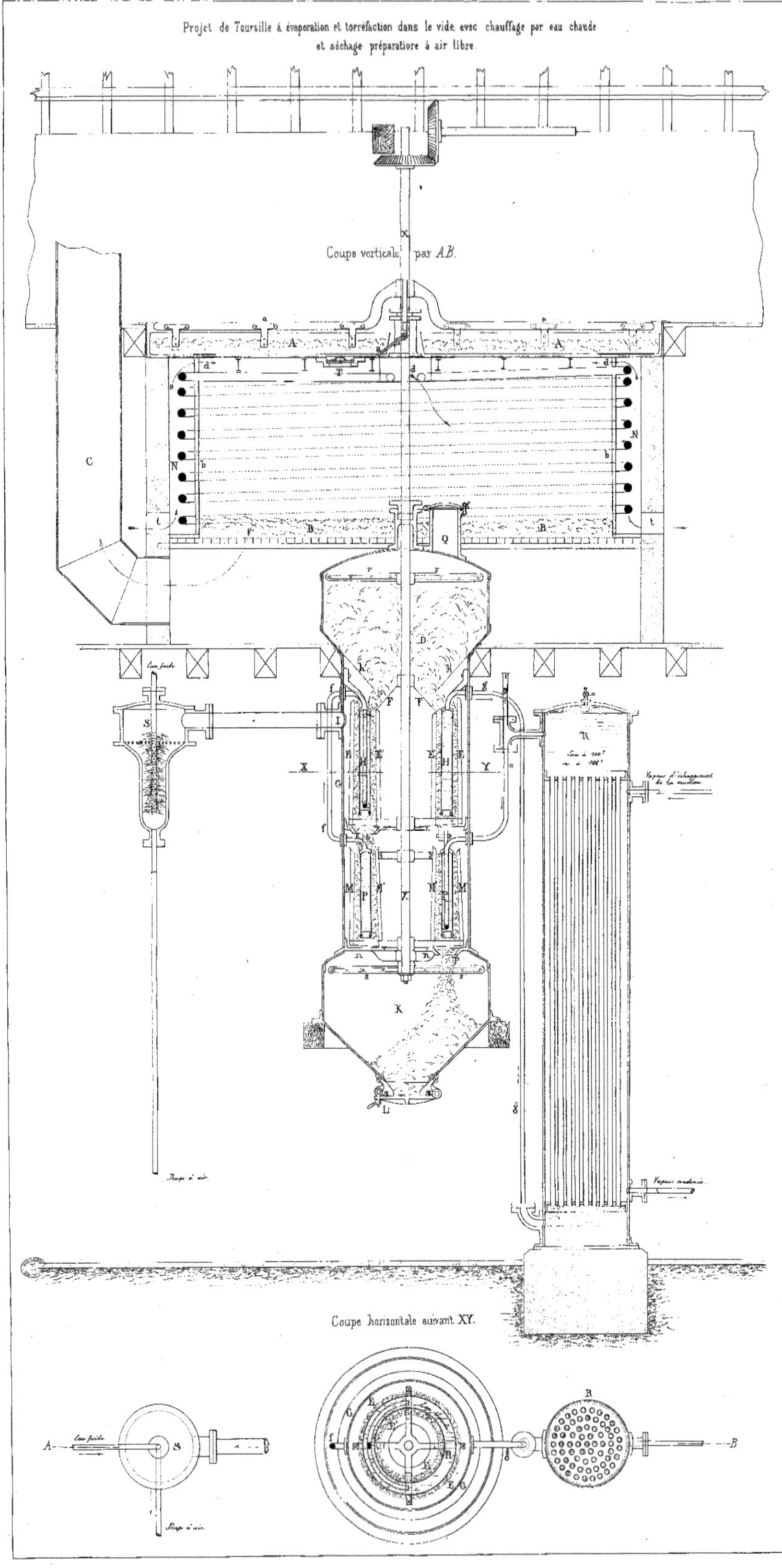

Projet de Toursille à évaporation et torréfaction dans le vide, avec chauffage par eau chaude
et séchage préparatoire à air libre.
Coupe verticale par AB.
Coupe horizontale suivant XY.

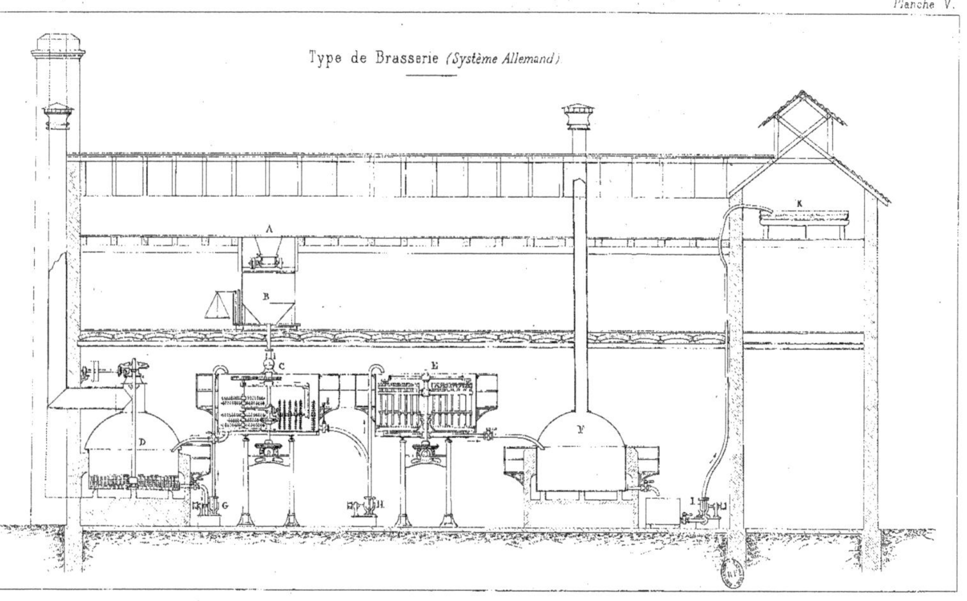

Type de Brasserie *(Système Allemand)*

LAVEUR et BROYEUR de MALT.

Coupe longitudinale de l'ensemble.

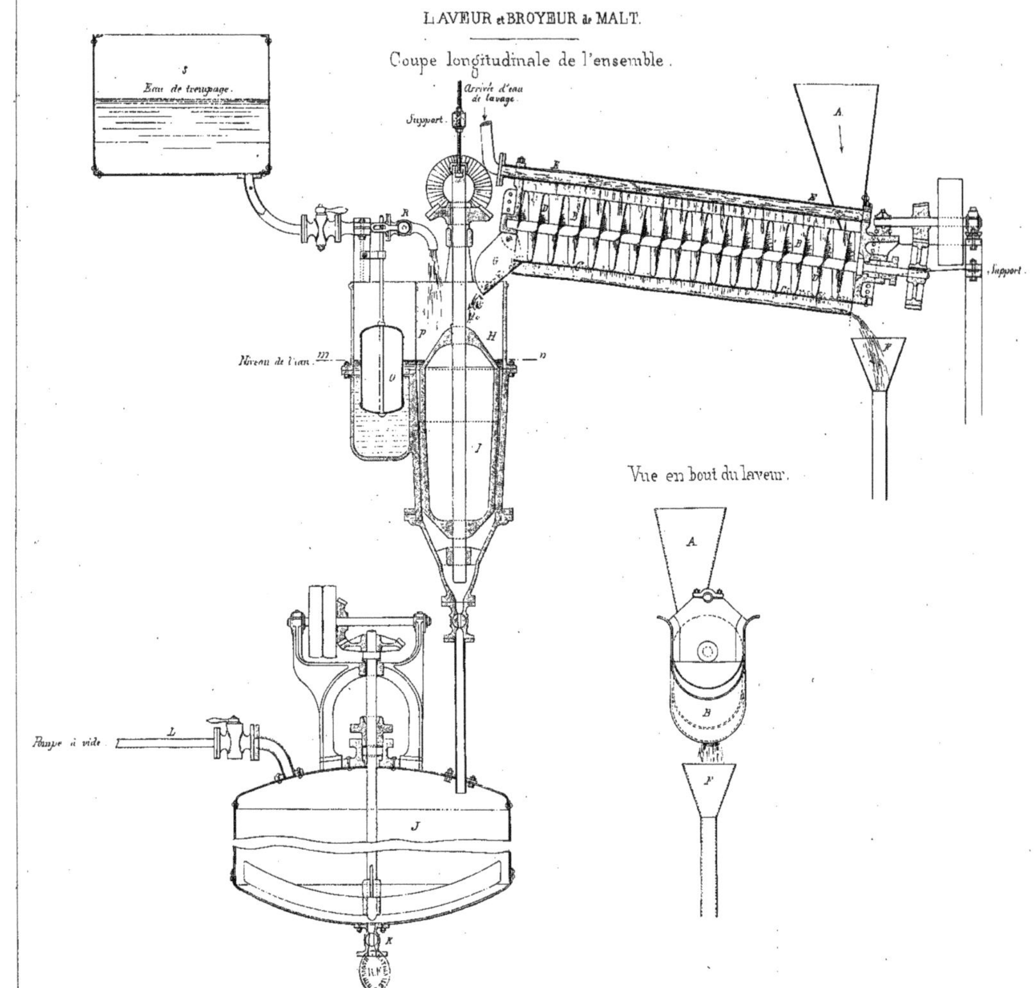

Vue en bout du laveur.

APPAREIL

à saccharifier le malt,

dans le vide, par vapeur détendue et avec chauffage à air chaud.

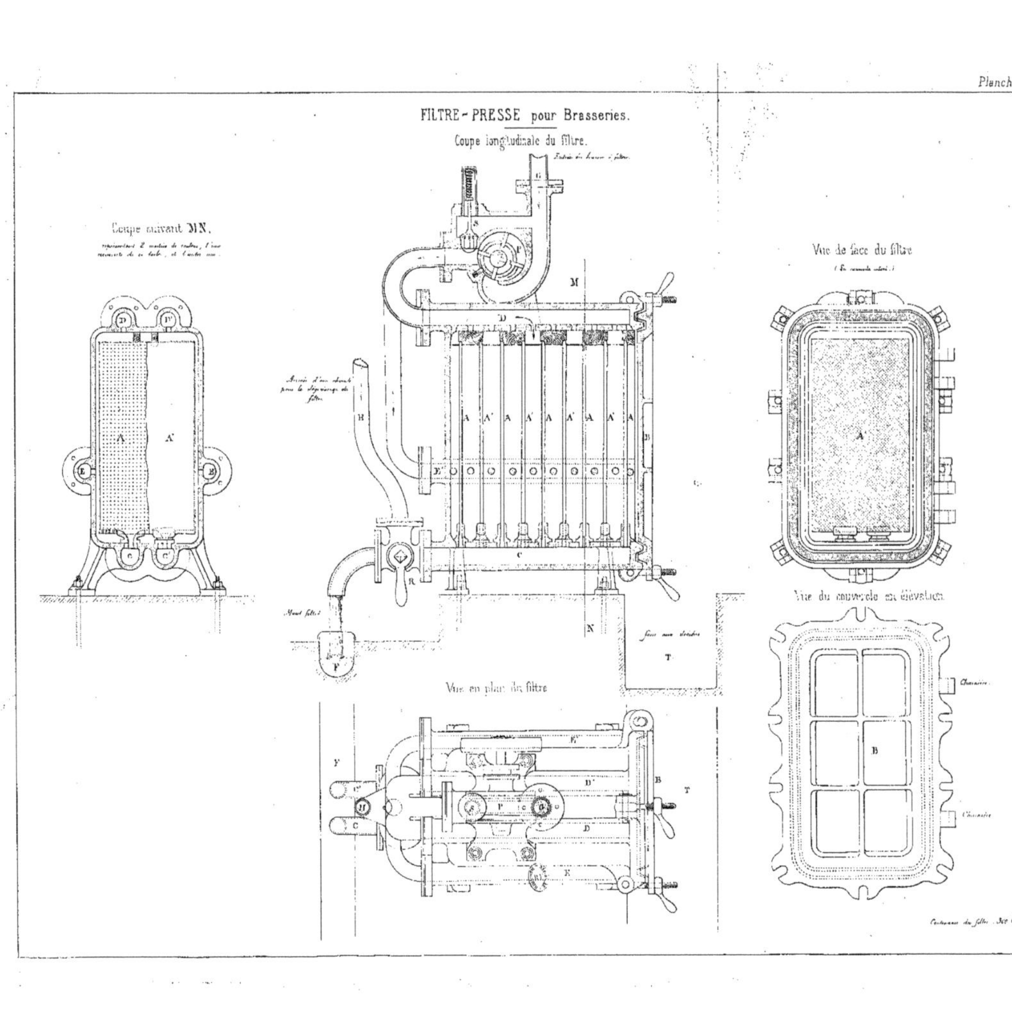
FILTRE-PRESSE pour Brasseries.
Coupe longitudinale du filtre.
Coupe suivant MN.
Vue de face du filtre
Vue du couvercle en élévation
Vue en plan du filtre

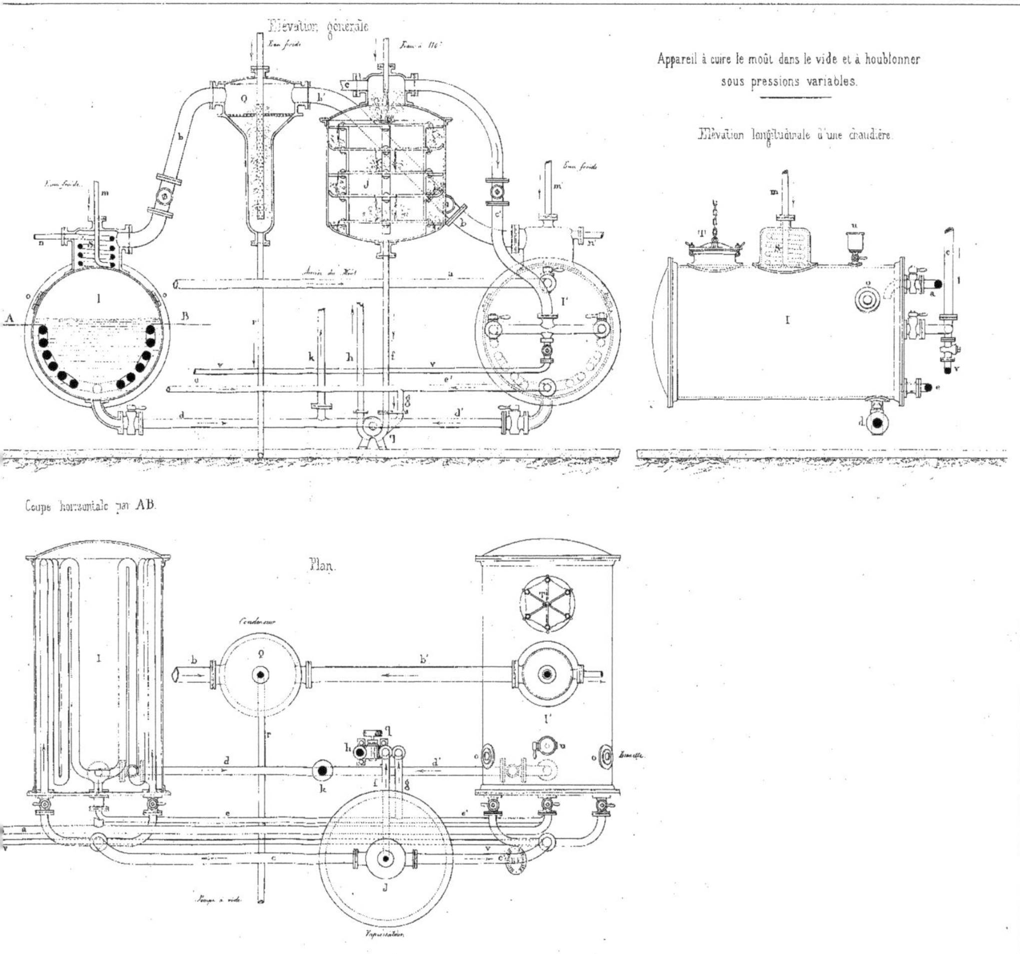

Élévation générale
Appareil à cuire le moût dans le vide et à houblonner
sous pressions variables.
Élévation longitudinale d'une chaudière
Coupe horizontale par AB.
Plan.
Condenseur
Pompe à vide
Vaporisation.

Appareil à refroidir le Moût après la chaudière
avec filtration intermédiaire.

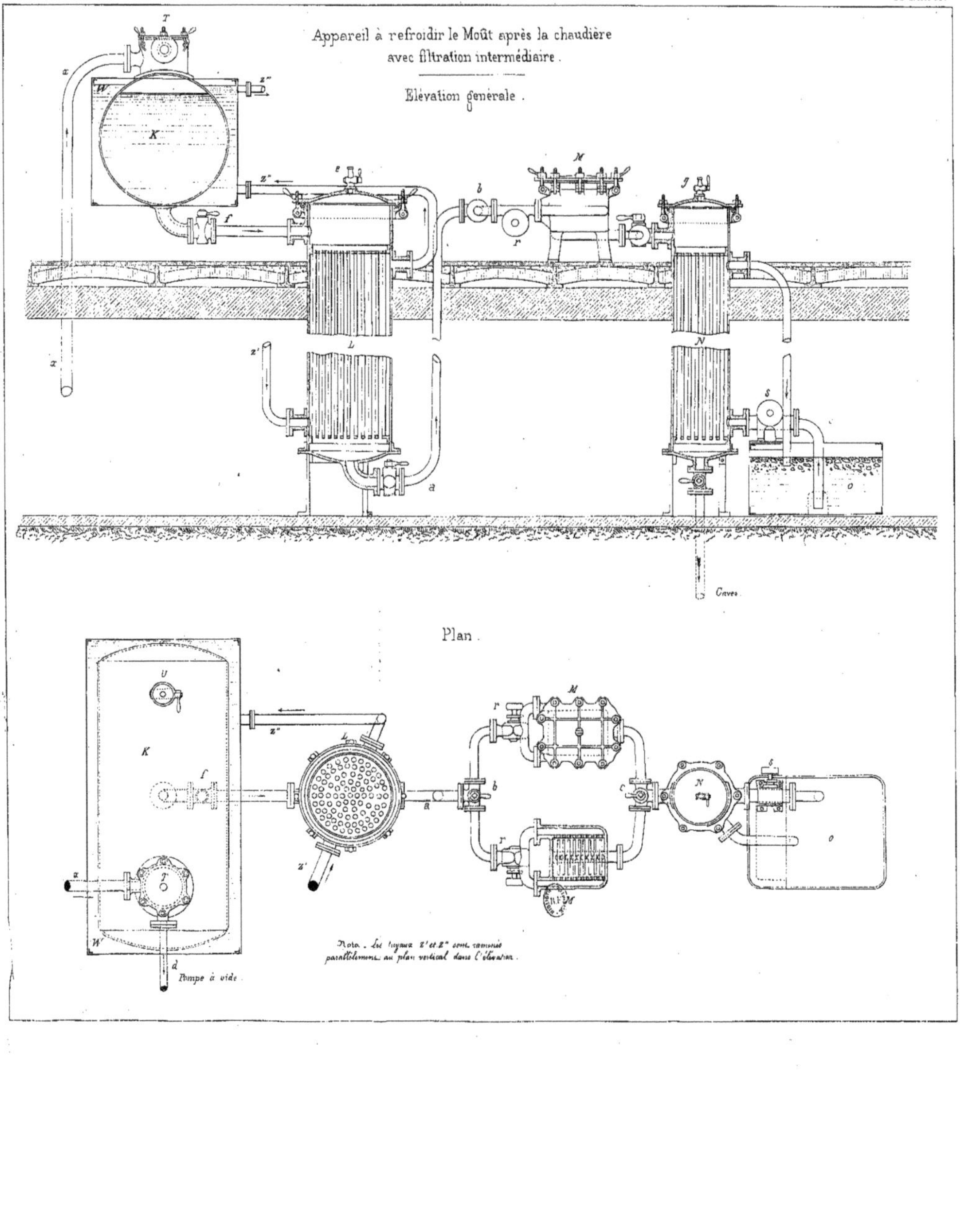

Elévation générale.

Plan.

Pompe à vide.

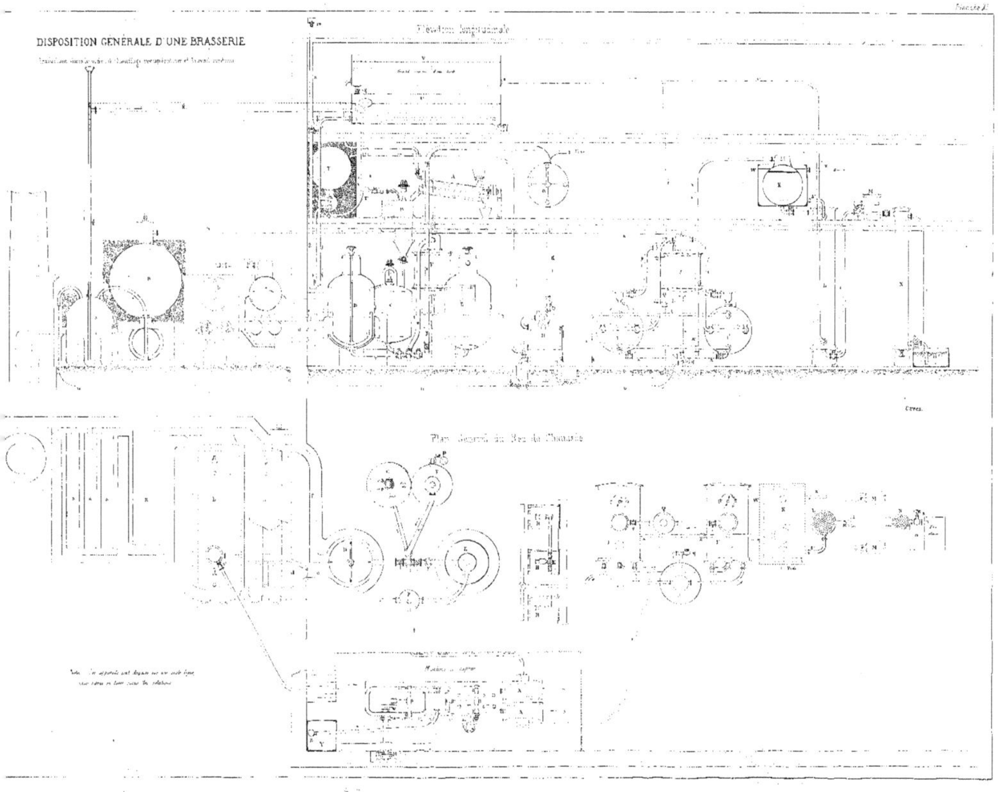

DISPOSITION GÉNÉRALE D'UNE BRASSERIE

Élévation longitudinale

Plan général du Rez de Chaussée

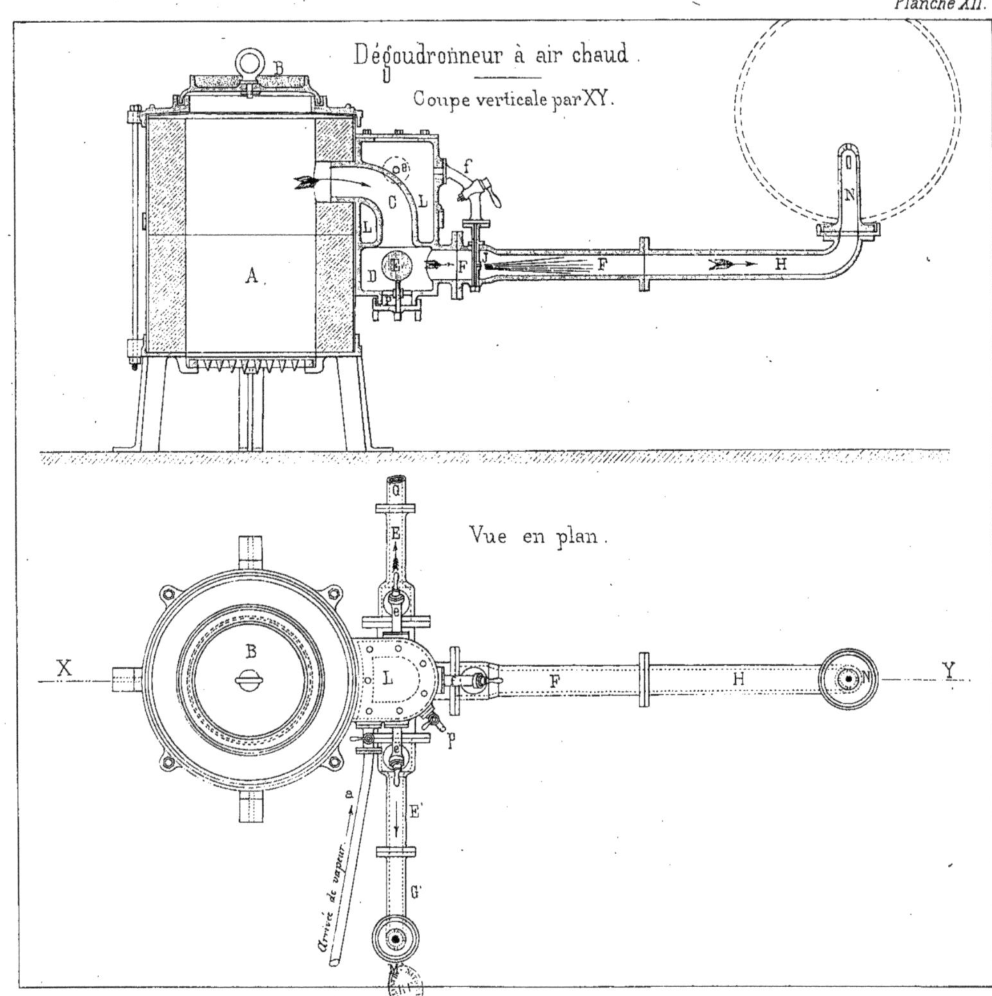
Dégoudronneur à air chaud.
Coupe verticale par XY.
B
f
C
L
L
A
D
E
F
J
F
H
N
p
Vue en plan.
G
E
e
X
B
L
F
H
N
Y
p
e
a
Arrivée de vapeur.
E
G
M

NANCY. — IMPRIMERIE BERGER-LEVRAULT ET Cie.